NELLY CASADEI

VOS AMIS LES Anges

LE GUIDE PRATIQUE DES COMMUNICATIONS ANGÉLIQUES, ARCHANGÉLIQUES ET DES MAÎTRES ASCENSIONNÉS

Éditions Quintessence

De la même auteure :

La Divine énergie: Comprendre et connaître les soins énergétiques et karmiques, Éditions Sydney Laurent, 2020.

Le guide des Annales Akashiques, Éditions Sydney Laurent, 2020.

Conception graphique couverture :
© Sonia Chorew – Illustration de couverture : © Adobe Stock
Crédits illustrations :
© Adobe Stock

Groupe éditorial PIKTOS – 355 rue de la Montagne Noire – 31750 Escalquens
contact@piktos.fr
www.editions-quintessence.eu
www.facebook.com/EdQuintessence

ISBN 978-2-35805-270-2

Une immense gratitude

À ma famille, mes amis, mes élèves, mes consultants,
un grand Merci d'être là.

Namasté

(Mon âme salue votre âme)

Nelly

La semeuse d'étoiles

AVANT-PROPOS

Depuis l'enfance, j'ai une passion infinie pour les anges, les archanges, ces êtres lumineux qui veillent sur notre monde terrestre. Pas un seul jour ne passe, sans que je leur parle, sans que je leur envoie tout mon amour et ma gratitude.

Ils sont omniprésents dans mon cœur, dans ma vie, leurs énergies de lumière m'ont protégée bien de nombreuses fois et cela continue, pour mon plus grand bonheur. Ils sont venus me rendre visite une nuit et depuis, je flotte sur un nuage d'amour céleste.

Nous possédons une myriade de renseignements, au sein de nos mémoires karmiques, il nous suffit d'ouvrir cette porte intime pour autoriser l'accès à une connaissance infinie. Nous avons tendance à rechercher les réponses à l'extérieur par habitude et traditionalisme, mais grâce à l'évolution des capacités spirituelles et de l'ascension en 5e dimension, nous savons désormais que nous détenons tous, des trésors au cœur de notre âme, qu'il nous suffit d'aller ouvrir ce passage secret pour les dévoiler.

Dès que nous sentons la peur, le doute nous envahir, nous les invoquons instinctivement, car notre cœur sait les miracles qu'ils sont capables d'accomplir pour faire plaisir. La vibration angélique fait partie de cette aptitude mal connue, que nous possédons tous dans nos mémoires originelles, celles du tout début de notre cycle d'évolution karmique.

Si vous désirez canaliser les plans divins puis vous relier aux communications angéliques, à vos guides de lumière, je vous invite à me suivre afin de faire une découverte initiatique et enrichissante qui va vous permettre d'accéder à ces merveilleuses énergies d'amour.

À tous ceux et celles qui portent un prénom avec le mot « ange », sachez que cela n'est certainement pas dû au hasard, mais constitue un lien profond avec nos amis les anges, comme Angélique, Angélina, Angie, Marie-Ange, Angelo et aussi Jean qui est l'anagramme du mot ange !

L'âme choisit son prénom avec les guides de la famille d'âme, sa mission de vie et bien d'autres révélations, que je vais vous détailler dans ce livre du royaume des anges.

Grâce infinie pour tout l'amour que nous envoient ces êtres magnifiques, sentez leur souffle divin en vous, nourrissez-vous de leurs puissantes vibrations, afin de devenir à votre tour un guide céleste pour l'éternité.

« Ange est le seul mot de la langue qui ne puisse s'user. »

Victor Hugo

« Plus vous serez attentifs aux anges, plus ils seront attirés vers vous »

Denise Linn

« Les ailes de mes anges sont comme un souffle d'amour dans mon cœur »

Nelly Casadei

INTRODUCTION & PRÉSENTATION

Vos amis les Anges

« Le chemin vers l'âge d'or, nous incite à retrouver notre essence d'être divin, qu'il en soit ainsi. »

Nelly Casadei

Lequel d'entre nous, n'a pas rêvé de dialoguer avec ses anges ? De les voir ? De sentir leurs douces ailes envelopper nos épaules ?

Ce guide des communications angéliques va vous donner la possibilité d'entrer en relation avec la fréquence de vos êtres de lumière, si cela est votre vœu le plus sincère, je vous invite à me suivre.

Les portes de la vibration angélique s'ouvriront en vous, si vous le souhaitez du fond de votre cœur. Après un apprentissage, plus ou moins long, vous sentirez la puissance, la délicatesse de ces êtres merveilleux, qui ne vous jugeront jamais, car ce n'est pas leur rôle, mais surtout parce qu'ils vous aiment infiniment.

Ces puissances subtiles, éthérées portent en elles, les causes de votre présence sur Gaïa. L'inspiration des anges ne demande pas des années de pratique, simplement, d'émettre une belle sincérité et une profonde humilité. La fréquence angélique va s'épanouir dans votre cœur, pour alléger vos charges karmiques et libérer votre âme de ses expériences douloureuses.

La vibration de lumière détient la plus pure, la plus bienveillante des énergies célestes, si vous faites appel à cette fréquence avec le cœur, des miracles s'accompliront dans votre vie. Vous dialoguez tous inconsciemment, depuis toujours avec vos anges, sans le savoir ! Vous croyez que peut-être vous n'en êtes pas capable, ou bien que vos pensées discursives sèment le trouble en vous !

J'ai souvent ressenti, au plus profond de mon âme, cet amour inconditionnel. Grâce à ce livre, qui contient une partie de mon expérience issue de mes voyages angéliques, mon souhait est de vous transmettre toutes les méthodes, les enseignements que j'ai reçus en canalisations. Cette aventure spirituelle vous offrira l'opportunité de communiquer facilement avec eux, de révéler cette essence divine qui sommeille en vous, depuis toujours.

Il est temps à présent, de partager mon cheminement personnel, au travers de mes séances médiumniques, de mes nombreuses formations, afin que toutes les personnes qui se sentent prêtes puissent entrer en contact avec leurs anges gardiens. Ceci a pour objectif de vous accompagner vers votre mission d'âme, vous aider à ouvrir vos champs du possible.

Nous possédons tous des trésors cachés, mais lorsque le moment idéal se présente, soutenu par de bons enseignants qu'ils soient célestes ou terrestres, c'est qu'il est temps pour vous, de découvrir ces richesses intérieures. Soyez cocréateurs de vos rêves, vivez pleinement la magie angélique, elle vibre en chacun de vous et ne demande qu'à se réveiller.

Le souvenir de la première représentation de mes amis ailés que je vous relate ci-après, se situe à l'époque où je débutais dans les connexions angéliques. Comme beaucoup d'entre nous, je voulais rencontrer mes anges, mes guides : pendant une méditation, voici ce qui m'arriva.

Anecdote personnelle

« Il y a quelques années, au cours d'une méditation profonde, je vis apparaître autour de moi, des entités diaphanes. J'avais demandé à la Source le nom de mes principaux accompagnateurs divins, afin de mieux les connaître. Je pense que c'était le bon moment pour moi et surtout ce n'était pas dans le but de flatter mon ego, mais pour pouvoir canaliser plus aisément avec eux, de les ressentir plus facilement dans le cadre de mes soins akashiques.

Je me souviens très bien de cette merveilleuse apparition, il y avait devant moi, trois personnages vêtus de blanc dont je ne percevais que les visages et les bustes. Le premier portait une longue barbe blanche et paraissait âgé, avec un regard doux et bienveillant. Le second, plus jeune, avait un visage qui comportait des traits plus ronds, mais avec des yeux vifs et pleins de malice. Quant au troisième, son allure me semblait plus discrète, plus effacée comme s'il ne voulait pas se mettre en avant, son aspect éthéré m'envoyait un message, me disant qu'il se tenait à distance. Il était plus loin de moi énergétiquement parlant, comme s'il n'intervenait que très rarement, uniquement dans le cas où les deux autres guides lui demanderaient une assistance, dans des moments bien particuliers de ma vie.

Les trois messagers inspiraient la confiance, la pureté et une grande bonté, je restais bouche bée dans le respect de ce moment de grâce. Mon regard semblait aimanté par leurs visages lumineux, personne ne disait mot, mais nos âmes se reliaient à ce moment précis. J'emploierais le terme d'« attraction bienveillante ». Ce fut la première rencontre avec mes guides, sans rien savoir d'eux, même pas leurs noms, car au niveau de l'âme, c'est la vibration qui prévaut sur la parole.

Tout me semblait juste et aligné. »

Ce jour-là, le message que j'ai perçu avec mes propres filtres, bien entendu, c'est qu'ils viennent à nous, si et seulement si, ils le décident et si cela est justifié pour notre mission. Le message à retenir de cette expérience est qu'ils manifestent leurs présences à des moments clés de notre évolution, pour nous pousser à intégrer que nous avons tous des capacités médiumniques, entre autres.

Je ne sais pas si ces êtres étaient des maîtres ascensionnés ou des archanges – cela ne me semblait pas important de le savoir –, mais leur intention de me conforter dans ma voie d'aide aux autres me paraissait à ce moment-là, une évidence.

Nous sommes tous en train de nous familiariser avec les connexions angéliques, grâce aux vibrations des 4e et 5e dimensions. Si votre volonté émane du plus profond de votre cœur, si vous recherchez votre mission terrestre, si vous faites l'ouvrage d'introspection honnêtement, libérez vos blocages karmiques, les portes du royaume angélique s'ouvriront en vous.

Nous possédons dans notre âme des aptitudes pour enlever nos doutes, nos schémas de peurs, nos croyances limitantes, nous sommes tous des êtres divins venus faire l'expérience humaine, afin de développer nos prédispositions spirituelles. À nous d'effectuer notre travail d'évolution en conscience.

Le royaume angélique se trouve dans des strates plus élevées que la vibration humaine et pour l'atteindre, il faudra vous entraîner régulièrement et vous armer de patience, car le vouloir ne suffit pas. Vous allez recevoir des messages angéliques, des synchronicités, des conseils, mais les apercevoir devant vous en représentation physique est très rare. Le monde matériel dans lequel nous vivons ne nous prédispose pas à distinguer ces vibrations célestes, les fréquences diffusées par les anges et les archanges sont beaucoup plus hautes que celles que l'homme peut émettre, mais avec certains exercices et quelques activations spécifiques, cela deviendra possible.

C'est à vous d'œuvrer et de progresser afin de parfaire cet apprentissage merveilleux.

En des temps plus anciens, comme ceux des Atlantes, des Sumériens, des Lémuriens, des Mayas, les peuples possédaient 12 brins d'ADN quantiques, ce qui leur facilitait la communication avec les êtres de lumières des plans célestes. Malheureusement à cause des guerres d'ego, des divergences des clans, le goût du pouvoir, ces belles civilisations très avancées au niveau spirituel et technologique, ont décliné pour finir par se détruire. Sur nos 12 brins d'ADN originel, il ne nous en reste que 2 ou 3 brins en majorité et parfois 4, pour les plus éveillés, d'entre nous.

Certains s'imaginent que ces pouvoirs sont attribués dès la conception de notre première cellule humaine et que ces qualités ne peuvent pas être accordées à chacun d'entre nous. Si cela semblait juste, que ferions-nous sur Terre ? Notre rôle serait de manger, boire, dormir, travailler, nous reproduire, seulement une élite aurait le droit de devenir meilleur et d'ascensionner ?

Pas très cohérent ce plan et surtout pas juste ! Non, chacun a son rythme et ses bagages karmiques. Selon vos antécédents, vos actes passés, vous traverserez ces épreuves afin de devenir vous aussi un être de lumière.

Il faut intégrer également, que la notion de temps est totalement aléatoire dans les mondes divins. Nous vivons sur la Terre avec un temps rythmé que l'on nomme linéaire, mais dans les plans supérieurs, on parle de temps simultané, ce qui semble très important pour bien intégrer la conception de l'instant présent, tout se joue, **ici et maintenant**.

À nous de prouver que nous sommes dignes de restaurer nos qualités divines et que nous les valons, au-delà de toutes croyances.

Chapitre I

« Vos amis les anges »

Les anges sont le lien divin entre la Source et les humains. Le mot ANGE signifie « **Messager** » qui vient du grec « aggelos. »

Étant passionnée d'ouvrages spirituels, de contes légendaires, de parapsychologie et d'ésotérisme, je me suis intéressée très tôt, aux écrits qui traitaient des apparitions, des réincarnations, des témoignages de l'au-delà, car le simple fait de penser qu'il y a quelque chose de plus grand que nous, excitait mon envie impétueuse d'explorer tous ces thèmes mystérieux.

Ressentir la vibration des anges dans son cœur et dans son âme devient une grande source d'amour en soi.

Des 4 auteurs qui se sont spécialisés dans l'étude des anges, vous trouverez, Doreen Virtue, qui était la référence sur ce sujet, même si depuis elle a renié son travail et s'est tournée complètement vers la religion, puis Joane Flansberry, Hazel Raven, et Pierre Jovanovic pour les plus connus.

L'analyse des anges demande du temps, de la disponibilité et une totale immersion dans les vibrations célestes, afin de bien traduire les signes, les messages qu'ils nous envoient. Certaines personnes perçoivent depuis l'enfance les connexions des anges, puis, à l'âge adulte, cela continue, parce qu'ils n'ont pas fermé leur canal angélique. Leurs parents, leurs entourages les ont laissés conserver précieusement cette merveilleuse capacité. Pour d'autres, cela s'avère plus complexe, tout dépend du milieu familial et social au sein duquel nous avons été éduqués, puis de notre prédisposition naturelle envers le monde de l'au-delà. Mais, nul besoin d'être un élu pour accéder à la fréquence de nos messagers célestes.

Personnellement, vers l'âge de 7 ans, je ne voulais plus faire de voyage astral pour ne plus me faire réprimander par les adultes, donc j'ai cessé cette pratique, cependant, les longues conversations intimes avec mes êtres de lumière ne se sont jamais interrompues, j'étais connectée en permanence, donc peu ancrée. À l'époque, je n'osais pas en parler autour de moi, de peur d'être hors du moule familial, dans les années 1970 mes parents ne semblaient pas du tout brancher ésotérisme et encore moins spiritisme !

Ce qui me paraît paradoxal dans cette société, on fait croire aux enfants, aux contes de Perrault, au père Noël, à la petite souris, aux cloches de Pâques et j'en passe, mais après un certain âge, 7 ans environ, on leur demande de ne plus avaler ses sornettes, parfois, même si on leur interdit de dialoguer avec les Séraphins, les fées, les petits lutins...

Certains enfants conversent avec un ou des amis imaginaires, des animaux, des personnages, des histoires de fées, moi je parlais avec mes anges gardiens.

Ayant reçu une éducation religieuse, j'essayais de comprendre et d'adhérer aux principes que l'on m'enseignait au catéchisme, pour faire plaisir à ma mère qui était croyante, mais non pratiquante. Mais étant curieuse de nature, j'aimais étudier le récit de la Bible.

Mais finalement, cela n'a pas fonctionné longtemps, je sentais un chemin différent dans mon cœur, je lisais beaucoup et très tôt mon attrait littéraire s'est porté sur des écrits concernant le spiritisme, les traditions celtiques, la vie après la mort et bien sûr l'univers fascinant de ces personnages ailés. Je me suis intéressée, dès mon enfance, aux récits elfiques, à la magie des contes, aux histoires traitant des mondes chimériques, car il y avait peu de livres sur l'angéologie à cette époque et surtout pas d'internet !

Personne ne pouvait répondre à toutes mes interrogations dans ma famille, mais cela m'a rempli de songes merveilleux, car, j'ai nourri mon âme, de ces épopées légendaires, comme celle du roi Arthur et de la fée Viviane, en attendant de consulter plus tard, des ouvrages sur mes amis les anges. Ce manque d'informations livresques a été bénéfique, dès lors que j'ai pu développer mon intuition, mon 6e sens, ma médiumnité plus facilement.

Je m'isolais des heures durant dans ma chambre en rêvant, en dialoguant avec mes guides, en leur confiant mes peines et mes bonheurs de petite fille. Avec l'expérience, et la maturité, je comprends aujourd'hui que cela m'a construit et m'a ouvert mes canaux, en somme, que tout est juste pour notre plan divin.

« Le bien que l'on fait parfume l'âme »
Victor Hugo

« Ce n'était qu'un conte de fées. On sourit de soi.
Mais au fond, on ne sourit guère. On sait bien que les contes de fées,
c'est la seule vérité de la vie. »
Antoine de Saint Exupéry

« Toute personne a toujours son ange avec elle, puisque nos anges
gardiens nous accompagnent partout ; or une telle compagnie,
ne mérite-t-elle pas d'être honorée de tous et en tous lieux ? »
Saint Vincent de Paul

Histoire et légendes des anges

L'étude des anges se nomme l'angéologie, c'est un domaine magique empreint de récits mythologiques, qui passionnent d'innombrables personnes depuis des siècles. Les messagers célestes ont toujours fasciné l'être humain, on leur a souvent attribué plein de vertus, de multiples qualités et parfois, l'on se perd un peu dans cette foule d'informations, mêlée d'un soupçon de religion, de fabuleuses légendes et d'une pincée d'ésotérisme. Dans le culte catholique, on désigne les anges, des Chérubins, ou des archanges.

Au milieu du XXe siècle, Edgar Cayce (1877-1945) a été le médium américain le plus connu, le plus réputé grâce à ses lectures des annales akashiques. Surnommé, « le prophète endormi » à cause de sa méthode particulière, qui consistait à se placer en état d'hypnose pour accéder à l'Akasha. Pendant ses canalisations, il racontait ses visites et les informations qu'il recevait, alors qu'en même temps un assistant notait tout ce qu'il relatait, car à son réveil, il n'en avait plus aucun souvenir. Pendant 43 ans, il a donné des lectures akashiques, près de 43000 sur plus de 1000 sujets différents, il a contribué à soigner et à faire avancer la science.

Les travaux d'Edgar Cayce fournissent plusieurs renseignements importants sur des époques de l'histoire de l'humanité, certaines ont même eu pour sujet l'Atlantide et l'Égypte. Ses recherches l'ont amené vers divers thèmes, tels que la réincarnation, la méditation, l'astrologie, les rêves, les prophéties et les guides de l'au-delà.

Au cours des années 1960, le courant new age fait son arrivée, en se basant sur les théories d'Hélène Blavatsky (1831-1891) fondatrice de la société de théosophie, ce courant ésotérique nomme les anges comme des « astraux », ou de purs esprits. Les chamans, eux les voient comme des esprits de la nature et dans le bouddhisme on évoque des guides spirituels.

L'apparition des récits angéliques se perd depuis la nuit des temps, parmi d'anciens textes sumériens, atlantes, lémuriens, perses, grecs et égyptiens. Dans les écritures religieuses, on parle quelquefois de certains archanges comme Michel, Gabriel, Raphaël dans la Bible et le livre d'Hénoch (récit de l'Ancien Testament attribué à Hénoch, l'arrière-grand-père de Noé). Mais on sent une certaine réticence au sein de l'Église catholique pour évoquer les anges, car le Saint-Siège ne désirait pas que ces êtres ailés développent un vrai culte autour de leur image. Seuls les principes de la Bible devaient être suivis avec ferveur par ses divins représentants, Dieu et Jésus en priorité, puis les apôtres et les saints. Ne parle-t-on pas du berger et de ses fidèles brebis ?

La référence la plus complète en matière d'anges est le livre de la kabbale, la tradition mystique juive qui nous communique de précieuses informations sur les 72 anges, mais également sur la liste des noms de ceux qui nous sont attribués à notre venue au monde, cela en fonction de notre date de naissance (voir tableau p. 82). Les messagers célestes émettent des vibrations de lumière qui veillent sur notre vie terrestre et qui nous protègent des affres de l'ombre.

Vous avez besoin d'accepter votre part d'ombre pour accéder aux plans de lumière. La plupart des personnes qui désirent connaître l'éveil spirituel ne prennent pas assez conscience que notre partie humaine doit tester tous les aspects de la dualité, ces personnes deviennent inévitablement « perchées » et semblent déconnectées de la matière. Votre mission actuellement est d'expérimenter les deux polarités, afin de pouvoir évoluer.

Les anges et les archanges sont très souvent représentés avec de longues tuniques de couleurs lumineuses, munies d'ailes dans le dos et d'une auréole au-dessus de leurs têtes, au niveau du chakra couronne. Cette allégorie symbolise la puissance de ces êtres, leurs dimensions célestes à l'image des dieux mythiques. Les artistes les peignaient avec une stature plus grande qu'un être humain, afin de démontrer leur force légendaire. Nous pouvons retrouver ces fresques, ces statues religieuses dans les églises et cathédrales, surtout à l'époque de la renaissance au XVe et XVIe siècle, en Italie principalement où l'école Florentine a mis en avant ces représentations inspirées de la Bible.

En France, grâce à François Ier la culture et l'art sont sublimés, il donnera l'impulsion de cette grande période de la renaissance au XVIe siècle. À sa demande, de nombreux artistes italiens viennent exercer leur art en Touraine, dont Léonard de Vinci, Michel-Ange, Titien et Raphaël. En peignant des tableaux, des fresques, des représentations des scènes de la Bible notamment, car cela était fortement apprécié par les autorités ecclésiastiques de l'époque.

Les messagers ailés sont souvent symbolisés dans des œuvres picturales, au Vatican à Rome et à Florence, où les images pieuses demeuraient un de leurs sujets privilégiés. Pur hasard ? Bien sûr que non, ce sont des canalisations angéliques que les artistes ont reçues, pour encourager les hommes à faire appel à eux.

À cette époque, la religion était omniprésente dans les œuvres picturales des créateurs. Les épopées de la Bible restaient leur inspiration principale, ils étaient au service du Vatican qui les dirigeait et les faisait vivre financièrement.

Les gens étaient très croyants et l'église veillait à ce que les artistes communiquent à travers les peintures des messages uniquement bibliques et agréer par les autorités ecclésiastiques.

Les symboles, les dessins, les représentations de l'époque permettaient de visualiser les récits vécus par le Christ et ses disciples. À cette époque, il n'y avait pas d'internet et peu de personnes avaient les moyens de s'offrir des ouvrages de lectures. Seul le livre des Écritures saintes était considéré et l'est encore comme le testament de la religion catholique. La Bible dit « que les anges ont été créés par Dieu pour l'aimer et le servir ». Il ne faut donc en aucun cas aduler les anges, mais seulement adorer Dieu par leur intercession. Les anges étaient déjà mal perçus à l'époque par l'église, mais, le fait de diriger la croyance de quelqu'un avec des dogmes, me met mal à l'aise. La foi reste pour ma part une conviction profonde nullement basée sur des préceptes humains.

Les grands peintres comme Raphaël, Botticelli, Michel-Ange, Léonard de Vinci demeuraient aux ordres du Vatican. Seuls 3 archanges étaient reconnus par les autorités ecclésiastiques et cités dans les textes sacrés hébreux, Saint-Michel qui terrassa le dragon, Raphaël qui guérit la cécité de Tobit et Gabriel, le messager de la grossesse de Marie. Au XXIe siècle, nous avons la grande chance de pouvoir récolter beaucoup de renseignements au sujet de nos anges. Il suffit d'effectuer quelques recherches sur l'internet, dans les livres, pour obtenir des réponses rapidement.

Nous vivons une époque riche où l'information n'est plus reléguée à une élite, mais au plus grand nombre d'entre nous. Soyons dans l'ouverture et dans l'accueil, car les êtres supérieurs adorent nous voir dans une belle vibration d'amour et de partage. Chacun d'eux peut éveiller la puissance en nous. Souhaitons tous d'émettre des ondes de paix et de tolérance pour recevoir la fréquence angélique et la diffuser aux autres. Plus vous allez établir ce lien d'amour, de confiance avec eux, plus vous serez guidés et inspirés.

Ce sont des entités spirituelles incarnant la lumière, d'où leur couleur blanche, ils possèdent une aura tellement étincelante, qu'elle irradie partout en permanence. Du fait de leur essence divine, leur énergie éthérée l'emporte sur la densité terrestre, ce qui leur permet de prendre la forme désirée pour venir à nous.

Le signe de leur apparition tout de blanc vêtu symbolise la pureté, la couleur des anges, mais en soin cette émanation de pureté nettoie et protège les personnes qui souffrent, par ailleurs, Sérapis Bey, le grand maître atlante, détient ce rayon immaculé, ainsi que l'archange Gabriel qui le diffuse.

Les anges semblent se déplacer en lévitation, sans que leurs pieds ne touchent jamais le sol. Ils glissent, volent, apparaissent et disparaissent en une seconde. La reproduction figurative la plus courante, selon l'allégorie grecque et celle de la Bible, nous envoie une vision d'ange qui ressemble à un jeune éphèbe, sans identité sexuelle, doté de deux belles ailes aux plumes d'un blanc immaculé, comme la neige. Mais cette allégorie ne dépeint pas la réalité spirituelle.

Selon les mythes religieux, les anges ne doivent pas se montrer aux humains ni tomber amoureux sous peine d'être déchu, encore une croyance limitante. La harpe et l'encensoir sont souvent peints auprès d'eux dans les fresques bibliques et celles de la mythologie grecque. Certains peuvent être représentés du genre féminin, pour imager la douceur, la maternité, les enfants et d'autres de types masculins, à l'instar des chevaliers comme Mickaël qui combattent l'injustice et chassent l'ombre des ténèbres.

Lorsqu'ils décident de se manifester aux humains, c'est sous une apparence aérienne, très pure, leurs vibrations leur permettent de se matérialiser telle une forme ectoplasmique, semblable à celle d'un fantôme, mais la plupart du temps, très furtivement, car leurs missions doivent s'accomplir dans la discrétion la plus totale.

L'idée que l'on se fait de l'ange traditionnel évoque celle d'un angelot joufflu avec des cheveux bouclés agrémentés de deux petites ailes blanches dans son dos, il existe des petites figurines, des sculptures, des tableaux, des décorations de Noël avec cette vision classique et rassurante. Mais en réalité, ce sont des entités énergétiques dotées d'une magnifique aura blanche, ils n'ont pas l'aspect d'un bébé ni d'un enfant, leur image ressemble plus à une forme éthérée aux contours assez flous.

Peu importe la représentation physique que vous pouvez voir de vos gardiens de sagesse, si cela est juste pour vous, cela vous appartient et nul ne détient la vérité, croyez en vous, soyez fiers de vos échanges avec eux et de vos convictions.

Afin de ne pas nous effrayer, ils aiment se montrer avec une apparence humaine, mais peu souvent, car ils demeurent dans des plans vibratoires supérieurs, cela leur requiert des d'efforts pour venir vers nous, de plus cela n'entre pas dans leurs attributions. Leur première mission reste celle de gardiens, de messagers divins, cela réclame beaucoup de délicatesse et de discernement.

Ils ne se matérialisent devant nous, qu'exceptionnellement, parce qu'ils doivent descendre à un niveau vibratoire plus bas, puis choisir le moment propice à cette rencontre, sauf, cas rarissime, si vous courez un danger imminent et que ce n'est pas votre heure de quitter la terre, là ils interviendront avec l'accord de la Source.

La relation devient intime avec eux, si on la nourrit d'amour, de gratitude, comme vous le faites avec vos amis, votre amoureux ou votre amoureuse dans votre quotidien, comment espérer de l'aide, un soutien si l'on ne le requiert pas ?

Lorsque l'on me demande, comment communiquer avec mes anges ? La plupart du temps, je m'aperçois que les personnes n'instaurent que très peu un dialogue avec eux, aucun lien authentique. Si vous n'entretenez pas un échange sincère et régulier, cela sera plus difficile, mais pas impossible. Les êtres de lumière vous soutiendront, quel que soit votre degré d'intimité avec eux, si vous maintenez une relation forte et journalière, là les messages deviendront quasi naturels. Au sein de votre cercle privé, vous prenez des nouvelles de vos proches, vous leur téléphonez et bien là c'est pareil, on perd le lien, si l'on ne le nourrit pas.

Accueillez simplement ce qui résonne en vous, envoyez une vibration d'amour et d'ouverture à vos amis célestes, sans rien attendre de précis. Pratiquez régulièrement la méditation de pleine conscience et surtout « **lâchez prise** », votre mental inférieur essayera toujours de vous contrôler, car il déteste le changement, la nouveauté, il fera tout pour vous emprisonner dans votre zone de confort.

Personne ne détient la vérité, chacun possède ses propres convictions, ses intuitions personnelles, de plus nous filtrons ces révélations avec nos croyances limitées.

« Il fait toujours beau quand les anges passent. »
Proverbe alsacien

Votre cœur saura vous montrer le chemin de l'ange qui sommeille en vous depuis toujours.

Hiérarchie angélique

Pour clarifier les différents noms que l'on attribue à nos guides, il faut comprendre ceci.

Le premier niveau vibratoire concerne les guides (les défunts)

Ils vibrent plus haut que les humains, ce sont les âmes des défunts (souvent un parent décédé) au-dessus de notre chakra coronal. Ils peuvent devenir votre guide temporaire ou définitif. Nous en avons en général un seul guide, depuis le début de notre karma, c'est un ami céleste qui nous soutient depuis notre naissance. Ayant terminé son ascension karmique, cette entité se trouve dans le 5e niveau de conscience, qui correspond à une échelle de plan d'élévation de l'âme, ne pas confondre avec la 5e dimension. Il n'a pas encore rejoint sa famille d'âme, de ce fait, il ne s'est pas déjà réincarné. Le défunt choisit de devenir votre guide, si celui qui est à vos côtés lui cède la place, la plupart du temps il le permet. Cette âme désincarnée peut-être, soit un être cher que vous avez bien connu, comme un grand-père, une grand-mère, cependant, il se peut aussi, qu'un aïeul de votre clan familial que vous n'avez jamais côtoyé se présente comme votre guide.

Ces âmes viennent vous épauler, vous conseiller, mais pas seulement, une partie de leur mission semble également de racheter des points positifs, pour leur karma personnel. Certains disparus, ne peuvent pas ascensionner tout de suite, ils subsistent en moyenne un an dans des structures intermédiaires, le temps nécessaire pour intégrer leur mort et parfaire leur élévation vers leur famille d'âme. Mais ils doivent se faire pardonner ou libérer leurs mauvaises actions, en devenant votre protecteur, ils se réhabilitent auprès de la Source, s'ils en font la demande sincèrement.

En général, nos défunts ne restent qu'un certain temps vers nous, pour une mission d'accompagnement provisoire, ensuite une fois qu'ils ont réalisé leur devoir d'aide, ils vont monter vers les plans de lumière et rejoindre le jardin des âmes pour continuer leur évolution karmique, à part les âmes errantes qui stagnent entre deux mondes énergétiques. À ce moment-là, votre guide de naissance reprendra son poste de bienfaiteur auprès de vous.

Les plans supérieurs ne connaissent pas la rivalité, ni la dualité, ni le jugement.

Le deuxième niveau vibratoire concerne les anges

Nos 3 anges gardiens ont pour mission de nous protéger, ils apportent des énergies de service, d'assistance, leur motivation principale est de nous aimer inconditionnellement, sans aucun jugement ni reproche de quelques natures que cela soit, ils nous laissent le libre choix pour nos décisions personnelles. Ces messagers ailés sont censés servir d'intermédiaires entre l'homme et les mondes de lumière, depuis l'accroissement l'étoile de l'âme, qui représente la première porte des fréquences universelles.

La seconde mission divine réside dans l'action de nous épauler lors de nos épreuves existentielles, de nous soulager lorsque nous souffrons, de sécher nos larmes avec un voile de douceur, empreint d'un amour immense, ce qui demeure à mon humble avis, l'essence primordiale de leur mandat céleste. En langage des oiseaux, le mot **ange** signifie « ***en* - *je*** », ce qui veut dire que l'ange est en moi, dans mon cœur et mon âme. Nous détenons dans notre être profond la vibration de nos 3 anges de naissance.

Nos amis les anges ne vont pas régler tous nos problèmes, nos erreurs à notre place, mais simplement, comme un vrai ami le ferait, en nous portant assistance, soutien et amour inconditionnel. Un ange prend la forme qu'il souhaite, son énergie éthérée, lui permet de moduler, de changer son apparence physique.

Pour accéder à des fréquences plus élevées, au niveau du 8e chakra (l'étoile de l'âme, voir illustration Chapitre VII), où vibre l'énergie angélique, les humains doivent remonter leur taux d'énergie, pour augmenter les protections et vivre dans l'amour infini de la Source.

Le troisième niveau vibratoire concerne les archanges

Ensuite, en ascensionnant vers les structures de lumière, on perçoit la vibration des archanges. Ceux que l'on nomme des êtres de lumière avec les anges. Le mot archange vient du grec « arké », qui signifie, commandement et commencement. Dans le langage des « oiseaux », le dialecte des trouvères, qui étaient les conteurs du Moyen Âge, leur nom dévoile une autre symbolique très intéressante, « **arc-en-je** », l'arche supérieure qui vibre au-dessus des anges, le cercle, l'aura de l'archange est en moi.

Dans la hiérarchie angélique, les archanges forment le second niveau et ils supervisent la mission des anges. Leurs vibrations demeurent beaucoup plus puissantes ainsi que leurs compétences. Nous avons des archanges assignés à notre chemin de vie depuis la conception au sein de notre famille d'âmes. Leur première préoccupation semble de s'occuper des âmes humaines et de celles des défunts au sens large. Mais une de leur tâche principale est surtout, de défendre la planète et de limiter les catastrophes, sans contrecarrer le plan de la Source et de l'univers tout entier.

Le quatrième niveau vibratoire concerne les maîtres ascensionnés

Sur un autre plan, mais tout aussi élevé, vous avez les maîtres ascensionnés qui vibrent dans la cité de Shamballa, un lieu sacré situé dans l'éther, qui reste invisible à l'œil nu pour le commun des mortels, mais perceptible lors d'un voyage astral ou d'une méditation profonde. Ces grands seigneurs spirituels ont tous connu des vies terrestres riches d'enseignements, ils œuvrent maintenant, pour notre bien et celui de la planète. Citons en quelques-uns très célèbres comme, Bouddha, Sananda (Jésus), Marie, Lady Nada (Marie-Madeleine), Padre Pio, Serapis Bey (grand Prêtre Atlante), Saint-Germain (détenteur de la flamme violette), Kuan Yin (flamme jumelle de Bouddha), El Moyra…

La mythique cité de Shamballa serait située dans le désert de Gobi, cet espace vibratoire réservé à des entités supérieures, tiens lieu de haut conseil spirituel, où les dignitaires célestes décident des stratégies planétaires et du maintien d'un certain équilibre de l'univers. Toute la transmutation humaine demeure la principale source d'inquiétude des maîtres ascensionnés, ils veillent à notre survie, à notre préservation essentielle.

Ces personnages célèbres ont souvent sacrifié leurs vies pour sauver des personnes en grand danger ou bien ils aident à mettre en lumière une cause humanitaire importante. Leurs karmas étant accomplis, ils ont pu atteindre le 7e plan de conscience de la part humaine, et devenir des maîtres ascensionnés, dont le but est d'accompagner l'humanité à s'élever spirituellement pour atteindre la sagesse.

Lorsque l'on évoque les êtres de lumière, on fait référence aux anges, puis aux archanges, en ce qui concerne les guides, ce sont les défunts et les maîtres ascensionnés. Leurs niveaux hiérarchiques et leurs particularités paraissent identiques pour certains ; or ce ne sont pas les mêmes vibrations, ni les mêmes qualités, ni les mêmes fonctions.

Un maître ascensionné a vécu beaucoup de karmas riches en expériences concernant la vie sur terre, il porte la mission d'enseignement individuel et collectif, son rôle est de nous montrer la voie divine, le savoir universel. Étant donné qu'ils connaissent parfaitement la vie terrestre, ils savent ce que les épreuves de la vie peuvent nous faire endurer parfois. La plupart d'entre eux ont connu des incarnations plus que célèbres, mais surtout exemplaires afin de laisser une trace indélébile à notre monde. Leurs diverses fonctions les ont conduits à travers les siècles, à porter d'illustres noms, comme Maître Saint-Germain qui fut Joseph (l'époux de Marie), Christophe Colomb, Léonard de Vinci, Merlin l'enchanteur et bien d'autres vies qui furent riches d'enseignements et de progrès pour l'humanité. Cette mission d'enseignants divins, les maîtres la remplissent depuis la nuit des temps en toute discrétion.

Résumé de la hiérarchie céleste, dans l'ordre du niveau vibratoire

- 1/ Les guides spirituels : défunts, entités bienveillantes.
- 2/ Les anges : êtres de lumière, protecteurs, messagers.
- 3/ Les archanges : êtres de lumière, enseignants spirituels, diffusent les rayons sacrés.
- 5/ Les maîtres ascensionnés : guides de sagesse, enseignants de l'éveil de l'âme, êtres désincarnés.

Signification des couleurs des plumes

- Une plume blanche : votre ange vous signale sa présence à vos côtés.
- Une plume brune : votre ange vous soutient.
- Une plume grise : la patience sera récompensée, votre ange y veille.
- Une plume noire : votre ange vous soutient et apaise vos tourments.
- Une plume noire et blanche : vous allez réussir, votre ange y veille.
- Une plume bleue : votre ange vous invite à communiquer avec lui.
- Une plume verte : votre ange vous apporte un message de guérison, d'abondance.

Anecdote personnelle

« Il y a quelques années, je voulais vendre ma boutique et partir dans le Sud avec mon mari, pour nous rapprocher de notre petite-fille qui allait naître. Je demandais à mes guides de me trouver un acheteur qui s'épanouisse pleinement dans ce commerce et que cette vente puisse me permettre de quitter la région Rhône-Alpes, où je vivais depuis longtemps. Tous les matins, j'ouvrais le rideau de fer et la porte du magasin et il y avait une petite plume blanche vers la caisse du magasin! Cela a duré plusieurs jours: je prenais cette plume et la mettais dans un tiroir bien à l'abri.

Mes anges me signalaient en douceur avec ces plumes blanches qu'ils veillaient sur mon projet et qu'ils m'accompagnaient au quotidien. La vente s'est réalisée comme prévu et nous sommes partis quelques mois après vivre dans les Pyrénées-Orientales. Notre rêve a pu s'accomplir grâce à nos actions, nos efforts, tout en sachant que mes guides me soutenaient, je n'ai jamais douté de la réussite de mon projet grâce à leur assistance divine. C'est le principe de la loi d'attraction et de la foi en soi ».

« Si les anges peuvent voler,
c'est parce qu'ils se prennent à la légère. »
Francis Dannemark

« Un ange passe, mais revient toujours dans notre cœur. »
Grâce infinie à mes amis ailés

Les 3 anges titulaires

À notre naissance, nous recevons 3 anges gardiens pour nous guider lors de notre chemin d'incarnation. La plupart des gens pensent qu'ils n'ont qu'un seul ange, logique, car c'est l'ange physique, c'est le plus présent, le plus connu. Cet être éthérique nous accompagne de vies en vies. Nos 3 anges gardiens travaillent à nos côtés à tour de rôle, chacun ayant une fonction bien définie. Ces compagnons de lumière se chargent d'alléger notre existence, nos épreuves, de nos peines, nos soucis de santé.

Le rayon blanc

Le rayon blanc symbole de pureté, de protection céleste, qui illuminera votre cœur au cours de votre vie chaque jour, si vous le souhaitez vraiment. Nous sommes en permanence protégés surtout si nous restons unis dans notre cœur avec nos gardiens célestes, ne pas avoir peur et être dans la confiance me paraît la meilleure des protections. Nos 3 anges nous mettent le voile de l'oubli à notre naissance, pour nous éviter de connaître les noirceurs de nos vies antérieures, de nos anciennes blessures, cette intervention nous permet également de vivre en toute innocence notre nouvelle incarnation sans savoir les détails de cette nouvelle aventure qui s'annonce.

1/ L'ange physique

Le premier ange, relié à l'élément terre, guide le monde physique et est décrit comme le gardien du monde matériel, des relations sociales, professionnelles et familiales, de toutes nos expériences karmiques, du concret, du travail, de l'argent, des actions de la vie courante, de ce qui nous permet de nous accomplir sur Terre. Il veille aussi sur notre santé, car notre corps est notre véhicule terrestre ; sans lui, notre incarnation ne pourrait pas se réaliser. Cet ange physique est le plus présent à nos côtés, on fait très souvent appel à ses capacités de protection et de réconfort.

Certaines âmes choisissent des handicaps, des maladies graves pour éveiller les consciences, leurs familles, ou la société, mais ces âmes prennent toujours des parents forts, capables de supporter et de gérer ces épreuves difficiles. Ces enfants se nomment parfois, des « enfants arc-en-ciel », car ils ne sont pas ancrés dans leurs corps de chair et se connectent en permanence aux plans supérieurs.

Si vous courez un sérieux danger, votre ange physique va se porter à votre secours, si ce n'est pas votre heure de partir. Ce surveillant céleste connaît tout de vous, votre mission, vos épreuves à venir, votre date de naissance et de mort.

Lorsque vous souffrez physiquement de maladie, de stress, de dépression, de douleurs physiques, d'infirmités, connectez-vous à cet ange gardien. Sa puissance est infinie et de toutes les façons, il saura transmettre votre message à l'énergie expérimentée, comme un archange ou un maître ascensionné, si cela ne semble pas être de sa compétence.

Si vous paraissez inquiète pour un proche, demandez à votre gardien angélique d'entrer en relation avec l'ange de la personne, vous verrez que la mission s'effectuera sans faille. C'est faire preuve d'empathie, de poser des questions à nos amis ailés, pour le bien-être d'une personne.

2/ L'ange du cœur

Le second se nomme l'ange du cœur ou émotionnel. C'est le guide protecteur de l'âme et de ses multiples tourments. Il nous apprend à nous aimer et avoir de l'estime pour notre personne. Grâce à son soutien, nous développons nos qualités humaines, notre compassion envers les autres et notre amour inconditionnel. La réussite de notre vie affective et personnelle fait partie de son objectif divin. Les deuils, les ruptures amoureuses, amicales, et familiales font partie de nos épreuves, nous devons les vivre, les ressentir pour acquérir de la valeur aux yeux de la Source. C'est parmi les difficultés que l'on se construit et que nous pouvons transmuter la douleur en paix intérieure. La réussite de notre mission terrestre dépend de notre capacité à aimer et à être aimé.

Cette citation de Serge Gainsbourg, « **La vie ne vaut d'être vécue sans amour** » fait partie de sa plus belle chanson, *La Javanaise*. Elle exprime bien notre raison d'être essentielle sur cette planète. La blessure d'amour me paraît la plus noble à surmonter pour délivrer notre karma. Faites confiance à votre 2e ange pour mettre du baume dans votre cœur meurtri. Sentez combien votre ange vous aime et vous envoie toute sa grâce.

3/ L'ange spirituel

Le troisième, c'est l'ange de l'esprit supérieur, de notre part divine. Il inspire notre âme et la remplit de lumière divine. Notre chemin d'éveil spirituel paraît plus facile, plus évident grâce à son soutien inébranlable. En favorisant notre chemin d'illumination intérieure, le guide spirituel nous permet d'accueillir toutes nos capacités spirituelles et notre part divine. Une de ses missions est de nous accompagner dans la réalisation de notre dharma, qui représente l'enseignement du karma.

Demandez-lui d'alléger votre passif et d'ouvrir vos canaux d'éveil spirituels. Invoquez-le dans vos méditations, car vous serez plus détendu et plus réceptif avec son soutien.

Chaque messager céleste remplit au mieux sa fonction d'aide et d'assistance, mais l'ange spirituel détient la clé de l'avenir de l'humanité en prodiguant les ouvertures de conscience au peuple de Gaïa. Face à cette immense tâche, il est secondé par certains archanges, dont Métatron, Sandalfon, Uriel et le Maître ascensionné Melchisédech.

Les décrets

Un décret peut être comparé à une prière, une invocation ; les mots et le rythme permettent de favoriser une action précise.

Chaque décret doit être récité 3 fois, à voix haute en étant centré dans le chakra cœur karmique. Il est préférable de s'installer dans un état de relaxation légère, afin de lâcher votre mental et de profiter pleinement du son des mots du décret « Libération karmique », voir mon livre *Le guide des annales akashiques*.

Chapitre II

Les différentes fonctions des anges

Description

Chacun d'entre eux remplit une fonction bien définie au sein de la hiérarchie angélique, tout paraît juste et aligné dans la famille céleste. Selon vos besoins, ils vont savoir vous envoyer la bonne aide énergique au moment opportun. Si votre demande n'est pas de leurs compétences, ils vont la transmettre à l'archange expérimenté, ou le maître ascensionné qui agiront pour résoudre votre problème ou bien ils vont vous montrer comment le résoudre seuls. Sachant qu'ils n'interviennent que si cela semble juste pour votre plan divin, ce qui parfois ne nous plaît guère !

Quel que soit le nom qu'on leur donne, sachez que ces esprits supérieurs ne sont que purs amours, leur unique but est de nous accompagner dans nos différentes épreuves karmiques pour nous aider à rejoindre les plans divins. Voir mon livre *Le guide des annales akashiques*[1] où j'explique la naissance et le chemin de l'âme et les différents karmas. L'ange est en nous, comme on peut le comprendre dans la langue des oiseaux, celle des alchimistes, « en-je » et pour les archanges, « arc-en-je », si l'on déchiffre le message des sons, on

1. *Le guide des annales akashiques*, Sydney Laurent, 2020.

comprend que nous avons de l'ange et de l'archange en chacun de nous, car nous faisons partie de la Source et elle fait partie de nous.

L'unique vibration angélique, c'est l'amour avec un grand A, sans aucun jugement ni degré dans la demande qu'elle soit petite ou grande, il n'y a pas d'échelles de valeurs pour eux. Lorsque j'entends qu'il ne faut pas les déranger pour une place parking ou un objet égaré, pour ma part, je pense que c'est dommage de ne pas faire appel à leurs nombreux pouvoirs, car si nous les sollicitons avec gentillesse, ils seront ravis de nous rendre service. Et qui ne désire pas de l'aide des plans supérieurs ?

Si les anges ne vous viennent pas en aide et bien cela leur appartient, vous devez vous en remettre à leur choix d'intervenir ou pas. Vos êtres de lumière savent mieux que vous, ce qui vous permet de rayonner, faites-leur confiance.

Lorsque l'on fait une demande à l'univers, l'intention traverse divers canaux comme les anges, les archanges, les maîtres ascensionnés et les défunts. La communication angélique passe par notre cerveau droit, l'intuitif et la puissance du cœur. Si votre dessein n'est pas pur et désintéressé, cela ne fonctionnera pas.

Ce canal de lumière s'ouvre, si vous le sollicitez avec amour et si les guides pensent que vous êtes prêts à recevoir leurs messages. On peut pratiquer ces activations plusieurs fois, sans aucun problème lorsque l'on se sent bien ancrés et préparés.

La vibration angélique est très subtile, assez éthérée, seules les personnes reliées au cœur karmique et au chakra couronne peuvent ressentir les signes. Pour les médiums, cela s'avère plus facile, mais avec de la pratique, tout le monde peut se connecter à la fréquence de ses guides célestes.

Ce sont les anges et les archanges qui décident de communiquer avec nous, par différents moyens, aux périodes favorables. Si vous désirez ouvrir vos canaux spirituels, il faut nettoyer en premier vos charges karmiques, libérer vos blessures d'âme puis avec un bon ancrage, un alignement cœur/âme/esprit quotidien, vous percevrez les messages de vos amis ailés rapidement.

Les synchronicités se feront de plus en plus fréquentes, les heures miroirs, les heures doubles, les plumes, les signes récurrents, les rencontres inespérées, les opportunités qui viennent subitement vers vous, des offres intéressantes, de l'abondance financière pour établir vos projets, vos intuitions vont se multiplier, des propositions soi-disant fortuites se présentent à vous miraculeusement, une association vous aide, un plan imprévu vous apparaît, tout devient possible lorsque l'on porte la foi angélique, dans son cœur et son âme.

> Tout est réalisable pour celui qui croit
> en une force d'amour et de lumière.

Nos amis les anges ne manquent pas d'imagination ni d'humour pour nous aligner sur notre chemin de réalisation. Vous pensez que vous avez une idée de génie et bien non, les anges vous ont insufflé, inspiré cette idée, cette solution. La nuit, les messagers communiquent avec nous plus aisément, car le mental est apaisé et le subconscient mémorise facilement les communications.

Les rêves prémonitoires, les visions, les résolutions de problèmes viennent souvent de vos nuits angéliques, même si l'on ne se souvient pas réellement de ce qui s'est passé. Le matin, au réveil tout s'éclaire ! Ne dit-on pas que la première impression est la bonne ? Là, votre cœur a parlé, pas votre mental, et les guides n'y sont sûrement pas étrangers !

Afin de ne pas vous effrayer, ils choisissent généralement, un canal humain, un médium, une personne qui capte les messages des plans intermédiaires. Comme ils ne paraissent pas intrusifs ni dans le jugement, ils préfèrent s'exprimer au travers de personnalités connectées, qui sont préparées et habilitées à recevoir les messages angéliques.

Demander de l'assistance me semble la première étape, souvent les personnes espèrent de l'aide, mais oublient d'en faire la demande ! Si vous ne faites pas appel à eux de façon claire et bienveillante, ils ne se manifesteront pas souvent.

Ne pratiquez pas vos requêtes tous les jours, ils ne sont pas sourds ! Tout est juste et accordé la plupart du temps, mais ils attendent le bon moment pour accomplir votre souhait. Vous pouvez faire des décrets chaque jour, des méditations pour lâcher prise, ou envoyer des remerciements, là c'est différent. Soyez dans la gratitude, envoyez de l'amour inconditionnel à vos anges.

Les puissances célestes ne sont pas intrusives, jamais elles n'interviendront sans votre aval, sauf si vous courez un danger de mort imminente, les êtres de lumière en référeraient alors au concile angélique, afin d'avoir la permission de vous porter secours. Jamais ils n'emploieront un discours de peur, de menaces, d'apocalypse, de fin du monde, si vous canalisez cela, ce ne seraient alors pas les guides de lumière, mais du bas astral ou des entités sournoises.

Il existe des anges pour différents services et compétences au sujet de notre santé. Par exemple, les soins angéliques, les différentes guérisons, le relationnel, les ruptures amoureuses, la maternité, la famille, l'enfant intérieur, les mémoires du transgénérationnel, le féminin et le masculin sacré, les protections, le nettoyage des corps subtils, les dégagements des maisons, des âmes errantes, le recouvrement de l'âme...

Sollicitez du soutien, des clés pour comprendre et résoudre vos problèmes, n'arrêtez jamais de leur demander de l'aide de l'assistance, ils vous aiment inconditionnellement et ne vous laisseront jamais tomber, quoi que vous en pensiez, ils vous entendront.

L'abondance, l'argent ne sont plus des sujets tabous, vous avez le droit d'être riche, heureux, prospère, en bonne santé financière. Les guides ne vous empêcheront pas de faire des profits à partir du moment où cela ne nuit à personne. La corne d'abondance, la richesse, la réussite passent par un échange de valeur et dans notre monde, l'argent est une énergie positive, si on l'accepte comme telle, car ce sont les hommes qui en font un bon ou mauvais usage.

Tout le monde mérite de vivre dans la profusion de nourriture, de confort et de santé, considérez l'argent comme une source merveilleuse et inépuisable. Les anciens tabous sont obsolètes, ceux qui méprisent les riches ne pourront pas atteindre l'aisance pécuniaire, car ils envoient un message négatif envers leur propre santé financière.

Les anges sont des entités multidimensionnelles, omniprésentes, omniscientes, dotées de multiples et puissantes capacités que l'on n'imagine même pas en tant qu'êtres humains divins. Ils veillent au bon déroulement de nos nombreuses incarnations, jusqu'à l'étape finale de notre mort physique, ensuite, ils nous conduisent vers les plans de lumière, étape par étape pour en finalité, nous aider à rejoindre notre famille d'âme et préparer notre prochain karma. Certains anges vont être spécialisés dans la santé, l'amour, le travail, d'autres dans l'abondance, ou les enfants, la famille, chacun à une orientation initiale, en plus de l'attribution de nous protéger. Les messagers angéliques n'ont pas d'identité sexuelle, mais une vibration, une sensibilité de genres. Ceux dont le prénom se termine par « iah » possèdent une énergie féminine et ceux dont le prénom se finit par « el » sont des énergies masculines, mais cela représente seulement une indication, pas une vérité en soi. À l'exception de l'archange Jophiel qui a une vibration féminine.

Il n'est pas nécessaire de connaître leurs noms, ce sont les humains qui en font la demande, car pour les anges, l'intention du cœur suffit amplement à leur bonheur. Je vous joins, le tableau des noms de vos anges, afin que vous puissiez savoir qui vous protège au quotidien, depuis votre naissance. À partir du moment, où vous demandez avec le cœur de recevoir l'assistance divine, celle-ci vous sera accordée, car la Source, les êtres de lumière vous enverront ce qui correspond à votre besoin. Je conseille souvent de communiquer avec l'archange Gabriel, il représente le messager de l'univers qui transmet toutes les demandes à l'univers céleste.

Ils captent tous nos messages, connaissent nos prédispositions spirituelles, à savoir si nous sommes enclins à percevoir leurs apparitions, si nos fréquences sont assez élevées pour les ressentir. Leurs représentations physiques se manifestent à nous sous diverses manières, des plumes, des papillons, des oiseaux, des coccinelles, des parfums qui nous rappellent une personne chère, des fleurs que nous aimons particulièrement, des dessins dans les nuages, des sphères de lumière (orbes), des arcs-en-ciel, mais aussi, des chansons personnelles, des tintements de cloche. Les synchronicités les plus connues sont les heures doubles et miroirs. Ce qui importe, c'est la vibration qu'ils dégagent et leur luminosité, tout est énergie d'amour dans le monde angélique.

L'ange nous relie par un fil d'argent/or, aux plans divins, puis en activant le 8e chakra, l'étoile de l'âme, avec un protocole précis, la relation se crée. Ce centre énergétique permet d'accéder plus directement aux fréquences des plans supérieurs. La lumière entourant les anges émane de leurs auras, comme un halo incandescent qui provient essentiellement de leur corps astral, énergie issue de l'éther. Si vous allez dans une église, les images des anges sur les vitraux les dépeignent avec une auréole autour de leurs têtes, cela provient de l'énergie du chakra coronal qui se dégage autour d'eux, en symbolisant la lumière aurique.

La couleur blanche représente la pureté et surtout la protection, ce qui résume les principales qualités des anges. Si vous voyez un halo clair, un rayon de lumière, un orbe (manifestations transparentes, ressemblant à des bulles de savon) ou une plume blanche, vous saurez qui vient vous rendre visite !

Ils nous adressent des messages au cours de nos songes, car pendant la nuit nous laissons le mental au repos, notre subconscient devient plus réceptif, puis nous partons en voyage astral vers notre famille d'âme afin de nous ressourcer, pour augmenter nos fréquences vibratoires. Le moment le plus propice pour faire une requête est le soir avant l'endormissement, là votre canal enverra un signal puissant aux guides, vous pourrez vous souvenir de vos rêves, puis le matin venant, sachez que vous n'aurez que quelques minutes pour noter les messages que vous aurez reçus pendant votre sommeil.

Mon conseil, posez un petit carnet et un crayon sur votre table de chevet, afin de pouvoir noter dès le réveil toutes les informations reçues pendant la nuit.

Leur mission demeure d'accompagner en douceur notre âme vers l'étincelle divine de la Source, afin de clore le cycle des réincarnations.

Leur fonction primordiale permet alors de relier l'humain à la terre/mère et au ciel/père. L'alignement avec ces deux polarités me paraît essentiel, si vous désirez vous connecter à vos messagers célestes, reliez-vous à cette passerelle d'amour qui unit totalement vos parts divines.

Personnellement, mes amis ailés aiment bien me communiquer leurs messages par les ondes, en musique, car ils savent que j'adore les belles mélodies et ils connaissent mes chansons préférées, surtout celles qui me rappellent un être cher ou un moment précieux de ma vie. Le signe le plus employé, le plus connu est celui des plumes que tout le monde a reçues au moins une dizaine de fois au minimum dans son existence. Tout a un sens, une interprétation, vous seul pouvez déchiffrer les métaphores, les signes ; les couleurs aussi contiennent une énergie guérisseuse et apaisante, à vous de vous faire votre propre chemin avec les anges.

Anecdote personnelle

« Parfois, nos anges aiment apparaître sous des formes humaines très éthérées dans le but d'entrer en contact avec nous plus facilement. Lorsque j'ai reçu leur visite une nuit, ils étaient 12, avec au centre un être beaucoup plus grand, leurs formes étaient assez bien dessinées, et la couleur de leurs corps auriques ressemblait à celle des nuages, un blanc épais, mais évanescent sur les côtés. Le concile fixait, droit devant moi, au-dessus de mon lit, sans rien dire, nous nous regardions avec stupeur, j'ai reçu une vibration d'amour de pure beauté, qu'aucun mot ne peut exprimer, tout cela dans un laps de temps court, mais très intense. »

Les anges aiment prendre un symbole fort, pour attirer notre attention, afin que nous soyons les seuls à les capter. Par exemple, si j'ai une passion pour les papillons, mon ange va m'envoyer des papillons dans un endroit insolite, inhabituel pour me signaler sa présence. Leur imagination peut aller jusqu'à allumer une lampe, brancher une radio, diffuser une odeur de fleurs, de café ou autres dans une pièce, faire passer un courant d'air chez vous, alors que les fenêtres sont bien fermées.

Si un jour ou une nuit, vous apercevez vos amis, ailés, votre âme et votre cœur sauront exactement qui ils sont, vous ressentirez une vibration tellement puissante et lumineuse qu'aucune lampe ou ampoule au monde ne produira les mêmes effets. Mais le plus merveilleux, c'est ce que vous allez ressentir dans votre cœur. Cette illumination puissante ne vous empêche pas de les regarder, vous n'êtes pas aveuglée, c'est là que le mystère réside aussi. Vous ressentez un tel bonheur, une grâce de joie indescriptible, même des années après leur visite.

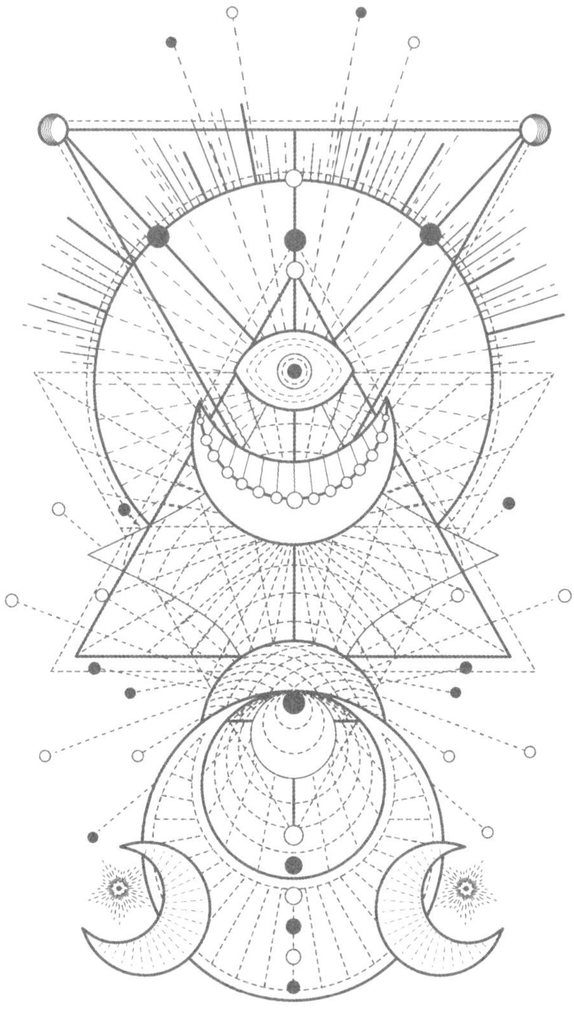

Chapitre III

L'ANCRAGE ET LE CENTRAGE

Ce sont des êtres de service, l'unique vibration des anges est celle de l'amour.

L'ancrage et le centrage

L'utilité de l'ancrage pour se connecter aux plans angéliques

Nous avons le devoir karmique, de tout mettre en œuvre de façon à libérer nos blessures d'âme, car nos anges n'ont pas à effectuer le travail à notre place. Souvent, on ne comprend pas pourquoi tant de personnes souffrent et subissent des vies si dures, remplies de malheurs sur terre, mais le karma doit s'accomplir et plus l'on refuse de travailler et d'apprendre, plus le karma s'alourdit. Il y a plusieurs explications à ces manifestations, la première vient du fait que l'âme a besoin de connaître les sentiments négatifs qu'éprouvent les humains, pour se forger une expérience et ressentir la tristesse, la douleur, afin par la suite de devenir un bon guide terrestre.

La seconde, à mon avis, c'est que l'âme fait son propre chemin de l'incarnation sous diverses époques, afin d'emmagasiner des connaissances karmiques et émotionnelles pour accéder à sa propre délivrance. Enfin, sachant que l'âme a essayé divers niveaux vibratoires, comme le bas astral, les strates sombres, certaines ayant commis des actes atroces, sa délivrance ne pourra se réaliser que dans très longtemps, lorsqu'elle aura compris ses erreurs et décidé d'aller vers la lumière accompagnée de ses guides. Pour alléger au mieux les douleurs de l'existence, je vous conseille de vous ancrer tous les matins et de transmuter les charges le soir avec l'aide de la flamme violette de Maître Saint-Germain (voir les méditations sur ma chaîne YouTube *Énergie soins divins*).

L'ancrage avec le chakra racine reste la première technique essentielle pour pouvoir se brancher aux fréquences des plans angéliques en restant connectés dans la réalité, à l'aide de votre partie terrienne.

Ensuite, grâce à l'ouverture du chakra racine, on permet à cette énergie tellurique de remonter le long de la colonne vertébrale, pour augmenter la poussée de nos vibrations célestes, jusqu'au chakra coronal, qui se diffuse au niveau du corps éthérique (la 2e couche de l'aura).

Ce protocole énergétique très puissant, provoque un éveil fulgurant parfois, on le nomme « la montée de Kundalini. »

« Les amis sont des anges silencieux qui nous remettent sur pieds, quand nos ailes ne savent plus voler. »

Victor Hugo

Exercice d'ancrage et de connexion à la Source

Prenez une grande inspiration en gonflant le ventre et expirez lentement, 5 fois.

Imaginez des racines vertes qui descendent de votre chakra racine (périnée, sacrum) pour s'enfoncer doucement, mais très profondément dans la terre, jusqu'au cœur de cristal vert émeraude de Gaïa.

Demandez la connexion avec cette énergie nourricière et bienveillante

Imaginez ensuite deux racines vertes qui partent de vos pieds et qui s'enfoncent à leur tour dans les profondeurs de la terre puis, demandez la connexion.

Faites la même chose avec votre chakra sacré (3 cm sous le nombril) puis avec votre chakra plexus solaire (estomac)

Visualisez ces racines vertes qui vous ancrent et vous stabilisent parfaitement et ressentez cet échange vibratoire en vous, qui provient de la terre/mère.

Ensuite, nourrissez-vous de la sève originelle, qui remonte par vos pieds, puis dans le chakra sacré, le chakra plexus solaire, qui sont vos 3 points d'ancrage. L'énergie tellurique se répand dans vos 4 corps, le physique, l'émotionnel, le mental, en ouvrant le spirituel.

Maintenant, centrez-vous dans le chakra cœur, puis visualisez que vous ouvrez en grand votre chakra coronal avec bonheur.

Visualisez un beau lotus blanc aux mille pétales, qui s'épanouit au-dessus de votre tête.

Demandez la connexion à la Source, dans l'amour et l'accueil.

Récitez le décret à voix haute, pour bien concrétiser votre ancrage avec les énergies cosmotelluriques.

Décret d'ancrage et de connexion à la Source

« À partir de maintenant,
je m'ancre aux énergies de Gaïa,
Par mes racines et mes chakras terrestres
Que celles-ci me nourrissent
au plus profond de mes cellules
Je ressens en moi toute l'énergie de la terre divine
Je me centre dans mon chakra cœur
mon cœur est pur et rempli de joie
J'ouvre mon chakra coronal
et je me connecte à ma Source divine
Que ceci se réalise maintenant,
pour mon bien et celui de l'univers »

Gratitude

Chapitre IV

Activation des fréquences angéliques

Comment contacter les anges ?

Ces entités célestes sont dotées d'une énergie vibratoire très forte, souvent imperceptible pour la plupart d'entre nous, cela demande une véritable pratique pour entrer en relation avec eux. Il faut prendre le temps de les écouter et ensuite, activer nos capacités spirituelles. Je conseille toujours d'ouvrir les chakras angéliques pour dialoguer avec eux, plus facilement. Certaines personnes entendent les êtres de lumière depuis leur naissance, mais ce n'est pas la majorité des cas, la question, la plus fréquente que l'on me pose c'est :

« Comment *communiquer avec mes guides* ? »

C'est la principale interrogation que j'entends, lors de mes stages en soins angéliques, et je trouve cela bien légitime.

Les médiums perçoivent plus facilement les ondes des plans supérieurs, car nos antennes sont branchées sur une fréquence particulière, c'est ainsi, chaque personne a des prédispositions distinctes, mais tout le monde peut les entendre ou les ressentir avec un entraînement régulier. De plus avec les montées vibratoires de Gaïa, cela facilitera l'accès au plus grand nombre d'entre vous.

Si l'on regarde en arrière, il y a quelques années, la plupart des gens ne connaissaient même pas la notion de fréquences angéliques, des chakras, de l'aura, alors qu'actuellement, toutes ces informations sont à la portée de tous.

Nous avons fait un bond quantique extraordinaire, depuis une quinzaine d'années, cela provient de l'activation des grilles cristallines qui aide à l'éveil des consciences, puis de l'Ère du verseau qui nous envoie des fréquences très élevées depuis cette date mémorable du 21/12/2012 (fin de l'Ère du poisson). Les travailleurs de lumière se montrent au grand jour et la famille s'agrandit de plus en plus.

Nous changeons de cycle tous les 26 000 ans à peu près et la planète Terre traverse cette période en ce moment, d'où les bouleversements économiques, climatiques, car nous mettons en place cette énergie nouvelle qui est symbolisée par le féminin sacré et le nettoyage des mémoires limitantes des anciennes sociétés patriarcales et religieuses. L'énergie cristalline va épurer et transformer les anciens paradigmes.

Nous devons regagner notre part divine, réintégrer nos 10 brins d'ADN manquants, que l'on a perdus depuis la chute de l'Atlantide et de la Lémurie. Actuellement, nous en avons 2, voire 3 ou 4 pour les artisans de lumière, mais pour accueillir les autres, il nous faut ouvrir notre conscience et travailler sur nos pensées créatrices. C'est notre mission d'éveil.

Les anges vont nous aider ainsi que les archanges à retrouver cette part de divinité qui sommeille en nous depuis des milliers d'années. Mais l'homme doit prendre conscience des erreurs du passé, afin de poursuivre cette ascension, jusqu'en 5e dimension, par conséquent, il lui faudra beaucoup aimer, partager, car toutes les réponses sont dans le cœur de chacun d'entre nous.

L'âge d'or est en chemin,
nous en sommes les acteurs principaux.

Les archanges Barakiel et Uriel peuvent vous accompagner dans la réussite matérielle de vos entreprises. Ne médisez jamais sur l'argent, ne critiquez pas les gens fortunés, car vous envoyez un message de manque et vous risquez de vous porter préjudice.

Les anges gardiens ainsi que les archanges portent l'appellation « **d'êtres de lumière** » ainsi chacun de nous est libre de croire ou non à leurs existences, mais lorsque l'on en reçoit des preuves tangibles, nul ne peut en douter, croyez-moi !

Décret d'abondance

« L'univers infini dans lequel je me trouve
est complet et parfait.
Je suis une partie de la puissance qui m'a créé.
Je possède en moi tous les ingrédients du succès.
J'autorise aujourd'hui la formule du succès
à m'investir et à se manifester.
Je réussirai tout ce que j'accomplirai.
Chaque expérience m'apporte son enseignement.
Je vais de succès en succès sur le chemin de la gloire.
Chacune des étapes que je franchis
transcende la précédente.
Tout est bien dans le monde qui est le mien. »

Louise Hay

Les 5 exercices pour ouvrir mon canal angélique

1/ La première méthode, pour demander l'aide des plans angéliques, consiste à calmer le mental. Si l'on se contracte l'énergie ne passe pas. Pour recevoir des messages des êtres de lumière, il faut être détendu, dans l'accueil, sinon vos chakras vont se fermer, votre énergie stagnera dans des fréquences trop basses. La communication se fait aussi au niveau de votre cerveau droit, le côté intuitif, il représente la puissance du cœur. Lorsque l'on fait une demande à l'univers, celui-ci fait passer le message par différents canaux comme les anges, les archanges, les guides, les maîtres ascensionnés. En tant qu'humains, nous devons mettre en œuvre un protocole afin de préparer cette liaison vibratoire.

2/ Deuxièmement, cette pratique nous vient des Indiens (Inde) avec la respiration du Kapalabhati, qui se pratique par le ventre. Toute notre énergie vitale, le Prana vient de cette partie du corps, que l'on appelle aussi, notre deuxième cerveau. Il s'agit d'une grande respiration tonifiante, suivie d'une forte expiration. Aussi purifiante que relaxante, cette technique de yoga modifie votre état de pensée, soulage les tensions musculaires, détoxifie vos intestins, soulage le transit intestinal et apaise le mental inférieur. En yoga, on pratique le pranayama, une discipline du souffle au travers de la connaissance méditative, en contrôlant l'énergie vitale, le Prana.

3/ Troisièmement, la meilleure façon de les voir, au début, est de vous mettre en état de relaxation. Vous pouvez atteindre un niveau d'ondes thêta qui correspondent à une méditation profonde de 4 et 8 Hertz assimilée à un sommeil paradoxal. Notre moyenne vibratoire correspond à environ 12 Hertz, pour vous donner une comparaison, en sommeil profond, nous passons en ondes delta de 0,5 à 4 Hertz, puis durant la journée, nous ne faisons que passer d'un état de conscience à l'autre. Ces fréquences thêtas nous plongent dans un lâcher-prise total et sans la résistance de notre mental.

4/ Quatrièmement, pour faire une demande de contact claire, précise, auprès de vos anges, soyez sereins. Centrez-vous dans votre chakra cœur : pour vous aider, posez la main gauche sur votre chakra cœur, ressentez la chaleur de votre peau, laissez cette énergie de douceur pénétrer en vous, puis envoyez aux anges, une énergie d'amour et de paix intérieure. Soyez patients, laissez s'accomplir la relation entre vous.

5/ Cinquièmement, faites confiance à la puissance de votre intention, restez dans une belle ouverture de conscience, puis ressentez tout cet amour inconditionnel au plus profond de votre âme. Ce n'est pas à nous de décider si cela semble le bon moment de recevoir les conseils ou la visite de nos anges, comprenez qu'eux seuls décident du moment choisi, pour cette rencontre divine. Envoyez un message, posez une intention et lâchez prise.

L'humanité me semble en chemin d'éveil
et cela me réjouit.

La puissance de l'eau

« Le professeur Luc Montagnier, qui a découvert le virus du sida, a repris les travaux du docteur Masaru Emoto qui a proposé un procédé de photographie des cristaux d'eau congelés. Ce docteur japonais a prouvé que l'eau reçoit l'information et réagit en conséquence ». Sachant que notre corps contient 70 % d'eau, imaginez l'impact des fréquences sur notre état physique et émotionnel au quotidien.

En Europe, nous commençons à adopter à un niveau plus étendu le yoga, le tai-chi, le chi-gong et la méditation de pleine conscience depuis une vingtaine d'années environ. Même certaines écoles font pratiquer la méditation aux tout jeunes enfants afin qu'ils soient moins fatigués le soir, cela développe surtout la concentration, la paix intérieure et un art de vivre chez les tout-petits. Ceux qui pratiquent l'hypnose connaissent bien ces états de conscience modifiés qui justement permettent à la personne d'élever son taux vibratoire (unité Bovis) assez haut pour capter les informations du subconscient et des mémoires enfouies. Les chamans, les moines bouddhistes, les yogis savent très bien moduler leurs fréquences cérébrales et énergétiques par la transe, l'état extatique ou par la méditation profonde.

Nous sommes tous la plupart du temps en apnée, notre corps, nos poumons, nos muscles, notre sang manquent d'oxygène, le fait de bien inspirer profondément et de relâcher l'air longtemps permet à notre corps d'aller mieux, de se détendre et de calmer nos pensées discursives. Cela permet par ailleurs d'augmenter la circulation de l'énergie dans nos corps subtils. Si vous faites 5 respirations profondes par le ventre, avant chaque méditation ou connexion spirituelle, vous pourrez commencer à monter votre taux vibratoire, plus aisément.

« L'amour est la fleur de notre vie »
George Sand

En résumé pour me connecter aux fréquences angéliques :

1/ Calmer le mental
2/ Respiration abdominale
3/ Méditation de pleine conscience
4/ Faire une demande claire avec le cœur
5/ Lâcher prise

Les décrets se lisent à voix haute en ressentant avec le cœur les vibrations de chacun des mots.

Décret de connexion angélique

« Je demande humblement à mes anges de m'assister,
Pour l'accroissement de ma spiritualité,
Qu'ils équilibrent tous centres énergétiques
ainsi que mon aura
Qu'ils purifient mon être
grâce à la lumière divine de la Source,
Qu'il en soit ainsi, pour mon bien et celui de l'univers. »

Grâce infinie.

Essayez ces exercices en vous amusant

Posez une question à votre ange, puis branchez votre radio, écoutez les paroles de la première chanson, cela va répondre à votre demande, vous verrez cette astuce marche très bien.

Une autre méthode intéressante à essayer est la suivante : interrogez vos anges, puis prenez un livre, ouvrez-le sans choisir la page, au hasard, lisez la première ligne, les premiers mots vont certainement vous parler.

Coïncidence, certainement pas, car depuis le temps que je pratique cela, non, nos amis aiment bien jouer avec nous et ils ont beaucoup d'humour, en plus !

Pour demander l'accès des plans angéliques, il faut se centrer dans votre 4e chakra (cœur karmique), le siège de l'âme, puis vous visualisez l'ouverture de votre 7e chakra le coronal, ensuite, afin d'activer vos chakras et vos ailes angéliques. Je vais vous expliquer ma méthode, celle que j'applique en formation, celle qui va permettre les connexions pour accueillir les messages des êtres de lumière.

Pour entrer en communication avec vos anges, choisissez un endroit calme, remplis de bonnes ondes, si possible, placez-vous vers l'est, où le soleil se lève, cette zone en Feng-shui représente la spiritualité. Ce point cardinal représente la naissance d'un nouveau jour qui commence, il contient une puissante source énergétique de lumière, ce qui va nous aider à mieux nous relier aux plans divins.

Pratiquez un ancrage profond avant chaque exercice spirituel ; si vous n'êtes pas préparé, vous n'obtiendrez pas les résultats escomptés. Le contact physique avec Gaïa favorise la montée de votre taux en Unités Bovis et vous devenez plus réceptif. L'enracinement reste la protection primordiale pour rester présent dans la matière. Cet exercice permet d'atteindre une grande sérénité, de calmer vos pensées, mais surtout d'élever très rapidement vos fréquences alpha, pour amplifier vos ouvertures spirituelles.

Comment se connecter à la fréquence angélique ?

- Faire une demande claire avec le langage du cœur
- Activer son 8e chakra, l'étoile de l'âme
- Activer ses chakras et ses ailes angéliques
- Être dans l'accueil et la confiance
- Communiquer avec eux régulièrement
- Pratiquer souvent des méditations angéliques
- Leur envoyer de l'amour et de la reconnaissance chaque jour

Nous avons les 7 chakras principaux, dans notre corps éthérique, puis les secondaires qui sont très nombreux, dont le 8e qui s'appelle « **l'étoile de l'âme** » située dans le corps astral, il représente une étoile en 3 dimensions, comme la Merkaba (notre véhicule de lumière). Ce symbole de géométrie sacré guide l'âme vers les différentes fréquences ascensionnelles. Ce qui nous permet de nous connecter directement à la vibration angélique, comme je le mentionne souvent, *c'est le haut débit!*

Ce chakra or/blanc, situé à environ 40 centimètres au-dessus du coronal, demande une activation et surtout une guidance spécifique effectuée par une personne chevronnée, car sa fréquence élevée peut vous faire « décoller » de la réalité. Cet exercice n'est pas un jeu de pouvoir ni un travail anodin. Cette impulsion ascensionnelle, se pratique en reliant l'énergie des chakras, un par un comme un effet de Kundalini (montée vibratoire puissante, au niveau du dos de la colonne vertébrale) et ensuite on peut se brancher au 8e chakra.

Dans la pratique, vous pouvez activer votre chakra angélique ou celui d'un tiers, sans la montée de Kundalini, à vous de sentir ce qui vous convient. Lors de mes formations akashiques et angéliques, j'accompagne avec précaution les participants pour cette ouverture de l'étoile de l'âme, car pour accéder à cette dimension supérieure, je préviens les personnes des effets de cette activation pour plus de sécurité.

Demandez à vos guides personnels de vous protéger et de vous accompagner dans cette ascension, si tel est votre souhait d'établir un contact avec la fréquence des anges.

Il faut être bien ancré, ne pas se sentir fatigué ni malade, vous pouvez vous pouvez demander l'accord des êtres angéliques, pour limiter la puissance vibratoire que vous allez transmettre, afin que le consultant ne soit pas trop perturbé. Cela laisse le libre arbitre à la personne et si les guides autorisent cette ouverture de fréquence, c'est que tout semble en place pour la recevoir.

Si vous ressentez une instabilité émotionnelle, la tête qui tourne, ou un manque d'équilibre, cela veut dire que votre chakra racine est peu ancré, mais en général cela ne dure que quelques heures au maximum.

Nous avons tous un concile angélique depuis notre naissance qui reste près de nous, afin de nous aider à évoluer en conscience au sein de la grande ouverture quantique.

Anecdote personnelle

« Au cours de mes formations en soins angéliques, au moment d'activer le 8e chakra, je mets en garde les personnes qui ne se sentent pas en forme, de ne pas suivre cette ouverture de l'étoile de l'âme qui augmente considérablement le taux vibratoire. Valérie qui avait déjà de l'expérience en tant qu'énergéticienne, et l'habitude de suivre des activations a fait l'exercice avec le groupe d'une dizaine de personnes. Manon, elle aussi qui était débutante en soins énergétiques, mais ostéopathe, donc pas étrangère aux ressentis de son corps a priori. Mais, une fois l'exercice fait, Valérie et Manon ne sont pas revenues comme prévu. Leur corps astral n'était pas redescendu à sa place. J'ai placé les filles sur deux tables de soins, et avec une collègue thérapeute, il nous a fallu une bonne demi-heure pour rétablir la couche astrale et les ancrer à nouveau. Valérie avait un souci personnel à la maison et cela avait limité sa concentration énergétique, pour Manon, je pense que son hypersensibilité était la cause de sa réaction.

Cela arrive parfois, même si cela peut déranger, on parvient toujours à recadrer les corps subtils, mais les activations demeurent puissantes, il faut bien le comprendre pour accompagner les personnes. »

« Si nous laissons notre ange intérieur nous guider,
nous ne risquons jamais de nous égarer. »

Karen Goldman

« Combien de corps célestes se meuvent en secret
sans jamais se montrer aux hommes ? »

Sénèque

« Écoute le vent, il chante, écoute le silence, il parle,
écoute ton cœur, il sait ».

Proverbe amérindien

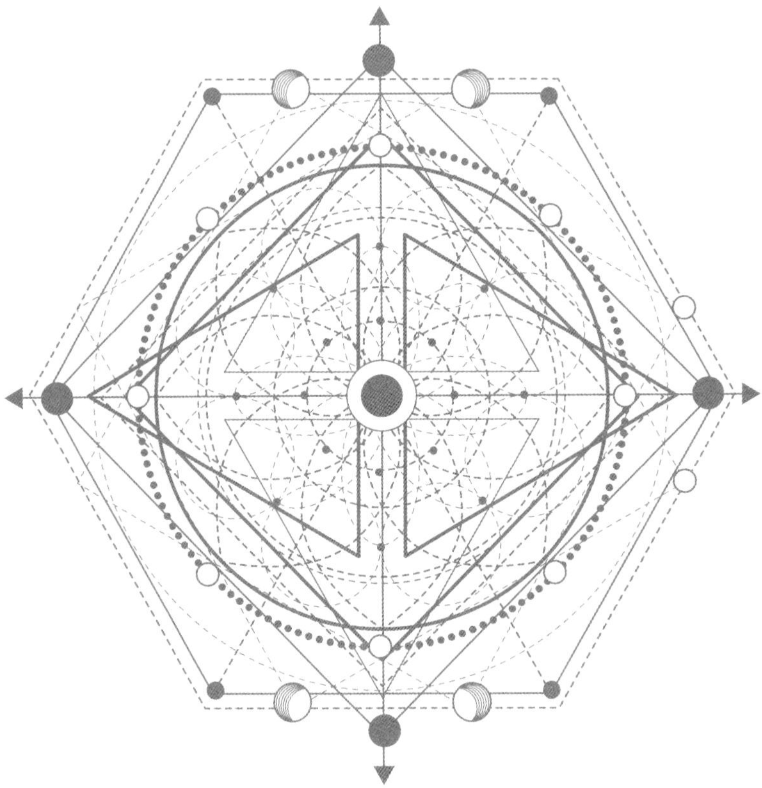

Chapitre V

COMMENT ACTIVER MES AILES ET MES CHAKRAS ANGÉLIQUES ?

Les présences angéliques sont représentées partout, autour de nous, ce sont des cadeaux divins, de l'amour pur et désintéressé. La vibration de leurs emblèmes harmonise, nettoie, régulièrement nos corps physiques, subtils sans que l'on s'en rende compte. Ils nous apportent un énorme soutien, un réconfort permanent surtout lorsque l'on ressent de la peine. Les activations angéliques, les chakras, les ailes, nous soutiennent, accompagnent nos corps de lumière, ils nous apportent une protection au niveau des 7 couches de l'aura. Notre système immunitaire se trouve soutenu, stimulé afin de renforcer notre capacité d'autoguérison.

Un de ces merveilleux symboles que nous aimons particulièrement chez nos amis les anges, ce sont leurs belles ailes à plumes blanches. Le blanc en soin énergétique représente, la pureté, la candeur, mais aussi la protection, car le blanc n'est pas une couleur, mais l'addition de toutes les couleurs de l'arc-en-ciel.

Le prisme (bloc de verre taillé en pyramide) correspond aux 7 couleurs simples de base, formées par la décomposition d'un rayon de lumière blanche, à savoir le violet, l'indigo, le bleu, le vert, le jaune, l'orange et le rouge. Les 7 couleurs qui donnent la décomposition de la lumière par le prisme, si on l'active très vite, comme une roue, sur lui-même donnera le blanc, et inversement si l'on mélange ces 7 teintes, on obtiendra du noir. Ce qui veut dire que le blanc est une couleur vivante et le noir devient stagnant, de plus il attire toutes les ondes négatives.

Éviter de porter du noir, cela bloque le flux de votre énergie vitale, vous allez vous sentir plus vite fatigué, votre corps sera plus lourd à la fin de la journée. Personnellement, je n'arrive plus à m'habiller avec des vêtements noirs, cela m'appesantit tout de suite, mon malaise devient quasi immédiat.

Pour ouvrir un dialogue intime avec vos messagers de lumière, il existe plusieurs méthodes, je vous présente celles qui fonctionnent pour moi, mais aussi pour mes stagiaires.

Nous possédons de multiples chakras, selon la médecine indienne traditionnelle, qui date de plus de 5000 ans, il semblerait que nous en ayons 88 000 sur l'ensemble de notre corps humain ! Nous conservons tous, de nombreux mystères, parmi ceux-ci, on trouve des chakras angéliques situés sur les côtés du buste, au niveau des côtes flottantes, touchez-vous, afin de sentir un léger creux, ce point est généralement très sensible sous vos doigts.

Puis, au-dessus de votre 3e œil, vers l'implantation des cheveux, se trouve le 5e œil, nommé « le chakra diamant ». Il aide à percevoir les messages de nos anges, en soins, il facilite la canalisation avec les guides de lumière, car sa liaison avec le chakra du 3e œil est très puissante.

Ce chakra en forme d'étoile de couleur lilas pâle porte le nom de **Lalata**, son archange référent se nomme Zadkiel (rayon violet) et son maître ascensionné porte le nom illustre de Saint-Germain, le gardien de la flamme violette.

Grâce, aux nouvelles vibrations de la 4e et 5e dimension, nous nous habituons progressivement à ces connexions angéliques. Ces vortex remplis de flux électromagnétiques ressemblent à des cercles d'ouverture vers une dimension parallèle à la nôtre.

Tout en sachant que nous sommes tous issus des suites de l'explosion du bing bang et de la Source, que notre identité originelle est pour la majorité venue d'autres galaxies ou d'autres planètes pour certains d'entre nous. Toutes ces informations nous ont été transmises en canalisations, bien entendu.

Par conséquent, notre présence sur Terre à un sens, car nous sommes des êtres divins venus faire l'expérience de l'incarnation, pour notre réalisation spirituelle, cela nous surprendra beaucoup moins de recevoir parfois des messages qui proviennent d'autres planètes ou d'autre espace-temps.

Exercice de préparation pour les chakras et les ailes angéliques

1/ Faire une demande avec le langage du cœur.

2/ Activer son 8e chakra avec le décret, attendre d'être bien stable pour activer les chakras et les ailes.

3/ Activer d'abord les 3 chakras angéliques, puis les ailes, avec les décrets.

4/ Être dans l'accueil, la confiance, le lâcher-prise.

5/ Communiquer par télépathie avec les anges pour bien intégrer l'exercice, se centrer dans son cœur

6/ Pratiquer une méditation angélique après l'activation pour les remercier et leur envoyer de l'amour chaque jour pour leur présence à nos côtés.

Pour activer vos chakras, faites-le au calme, prévoyez une heure de préparation, entre l'ancrage, le centrage et mettez-vous en état alpha pour pouvoir activer les hautes fréquences, durant la méditation. Respirez bien en conscience durant l'exercice, vivez pleinement, tranquillement ces connexions avec vos anges.

Faites le décret lorsque le moment semble parfait pour vous, à voix haute, en visualisant les chakras angéliques, puis vos ailes au niveau de vos omoplates, visualisez-les et ressentez l'énergie qui se dégage.

Vous pouvez refaire ces activations, plusieurs fois, mais en laissant un intervalle de 3 jours, au minimum, entre chaque séance.

Pratiquez une petite méditation de 15 minutes avec une musique adaptée à 432 hertz, cela facilitera l'accès aux fréquences célestes.

Décret des chakras angéliques

« Je sollicite la connexion sacrée de ma fréquence angélique
Je demande à recevoir le soutien de mes anges
en toutes occasions
J'active de mon chakra solaire à droite (aux côtes)
J'active mon chakra lunaire à gauche
J'active mon chakra diamant Lalata en pleine conscience
(racine des cheveux)
Que ceci se réalise, maintenant, pour mon bien,
celui des autres et de l'univers »

Grâce infinie

Visualisez votre dos vers les omoplates, une paire d'ailes qui s'agrandit au niveau de votre corps éthérique.

Décret d'activation des ailes angéliques

« Je sollicite l'activation de mes ailes angéliques
J'appelle la lumière blanc dorée sur mes ailes
Je ressens pleinement l'énergie de mes ailes énergétiques
Je suis plein(e) de joie et de reconnaissance
Que ceci se réalise maintenant
dans l'amour inconditionnel »

Grâce infinie

Anecdote personnelle

« Lorsque je donne une formation en présentiel sur les soins angéliques, j'essaye toujours de faire pratiquer des exercices de visualisations de l'aura entre autres. Les personnes sont heureuses de pouvoir visualiser les 2 ou 3 premières couches. Mais lorsque l'on a activé les ailes angéliques, c'est toujours fabuleux de les voir vraiment dans le dos d'un élève. Quentin avait donc participé à cet atelier et il était debout face au groupe, derrière lui, il y avait un écran blanc qui nous permettait de faire la lecture aurique. Ce jour-là, toutes les personnes présentes ont pu apercevoir les ailes blanches et bien dessinées de Quentin, ce fut un moment de pure liesse entre nous. Ce phénomène s'est reproduit plusieurs fois, une participante, Patricia, m'a relaté qu'un jour, lorsque je parlais au groupe, elle a pu voir mes ailes très nettement et elle était ébahie d'assister à ce petit phénomène en direct. Les anges nous offrent des cadeaux merveilleux, lorsque l'on pratique souvent et en groupe pendant 2 jours, il semble évident que la synergie de ces belles personnes entraîne une montée vibratoire très puissante, et là tout paraît possible ».

« Toute personne a toujours son ange avec elle,
puisque nos anges gardiens nous accompagnent partout ;
or une telle compagnie, ne mérite-t-elle pas d'être honorée
de tous et en tous lieux ? »

Saint Vincent de Paul

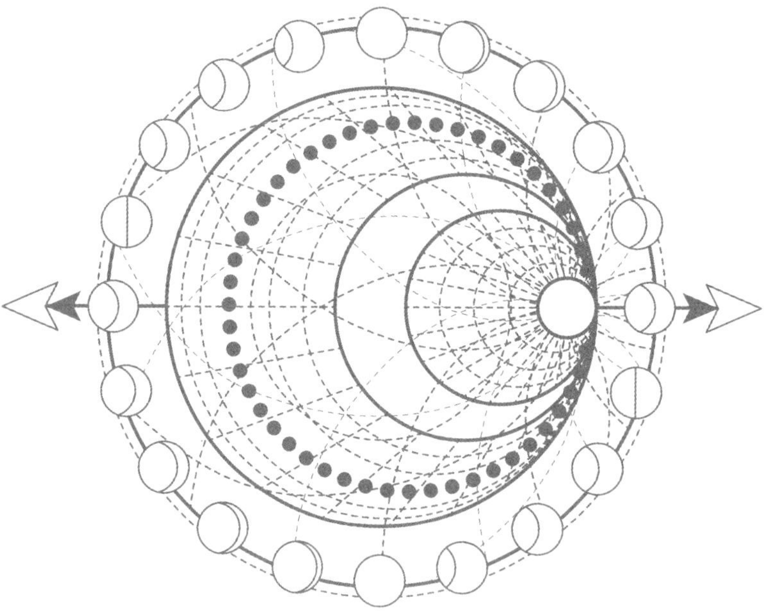

Chapitre VI

Les bienfaits des soins angéliques

Les bénéfices de ces messages célestes paraissent nombreux, le principal objectif est d'équilibrer les mémoires de l'âme, d'apaiser l'esprit humain, tout en préservant le corps physique. L'idéal, ensuite, passe par l'alignement de ces 3 parties essentielles à notre bonheur vital. Pour ce faire, il me semble préférable d'avoir libéré les anciens programmes erronés, les blocages karmiques et apaiser l'enfant intérieur. Les soins angéliques permettent d'accueillir une grande plénitude, de stimuler les défenses immunitaires et d'harmoniser tous les chakras.

En libérant les cristallisations cellulaires de tous vos corps, le physique, l'émotionnel, le mental, dans le but de faciliter l'ouverture du spirituel, vous allez rééquilibrer le flux de l'énergie en vous. Les vibrations des anges, des archanges vont vous accompagner dans la pratique thérapeutique, si vous les sollicitez, vous sentirez une grande sérénité, une justesse pendant chaque séance, telle une guidance bienveillante, car n'oubliez jamais que l'ange est en vous.

Une fois que vous aurez établi ce contact avec eux, vous percevrez cette merveilleuse émotion d'être accompagné, vos mains se dirigeront toutes seules vers les parties du corps à soulager. Lorsqu'on pratique des séances avec les anges, notre corps semble revitalisé.

L'intervention des êtres supérieurs nous aide à aller plus rapidement dans notre chemin de vie, afin d'éclairer et d'aider l'humanité.

En pratiquant des soins avec la fréquence angélique, vous atteindrez des niveaux vibratoires plus riches, plus en relation avec votre part divine. La guidance, l'illumination qu'ils vous envoient deviennent plus fortes à chaque séance, votre clairvoyance, votre clairaudience en seront décuplées. Personnellement, je ressens immédiatement la fréquence et la couleur de l'archange qui se présente vers moi, il n'est pas rare qu'il soit le guide principal de mon consultant.

L'essence qui émane de ces êtres donne une dimension céleste aux pratiques thérapeutiques, elle sublime l'ordinaire, révèle un incroyable sentiment de pur bonheur. Vous allez sentir que le magnétisme de vos mains est guidé, en douceur vers les zones adéquates, votre intuition, votre canalisation deviennent plus justes à ce moment précis. Le tube de lumière s'éclaire, la communion avec la fréquence angélique est fluide, grâce notamment à l'activation du 3e œil et du 8e chakra. En élevant votre requête vers les plans angéliques, vous ouvrirez la porte à l'ange qui sommeille en vous, pour toujours. Vous possédez des trésors au cœur de votre âme qui ne demandent qu'à se ranimer, choisissez le bon moment pour réveiller votre divinité sur Gaïa.

Quel que soit le type de soins que vous exercez, accueillez les vibrations angéliques, cela donnera une dimension beaucoup plus spirituelle à votre compétence. Mon conseil pour bien débuter dans le domaine des soins énergétiques est d'apprendre les bases énergétiques pour ensuite ajouter des connaissances petit à petit. Pour réaliser un bon travail, l'apprentissage des chakras et de l'aura demeure les 2 piliers d'un bon thérapeute, car sans ces connaissances primordiales, la lecture énergétique restera superficielle, peu efficace dans la durée.

En pratiquant une séance, vous pourrez visualiser la couleur et la forme des chakras plus aisément, l'aura vous révélera ses failles, ses fuites énergétiques, son décalage, votre connexion sera décuplée et les messages vous apporteront l'information directement par télépathie, ou par visions.

Vos amis les anges, les archanges et les maîtres ascensionnés sauront vous préparer dans votre mission de soins, leur grande sagesse vous comblera de quiétude. En œuvrant avec ces belles fréquences, chaque jour, votre taux vibratoire grimpera et votre aura restera lumineuse, car vos compagnons ailés veillent sur vous quotidiennement.

Pensez comme un enfant, ne grandissez pas trop, accueillez les plans divins dans votre cœur, gardez cette source d'abondance infinie pour toujours, partagez-la avec le monde entier.

Nous sommes tous responsables de l'évolution humaine, notre tâche actuelle est de contribuer à nettoyer le karma collectif de la 3e dimension, même, si celui-ci semble sur le déclin depuis quelques années. Depuis le 21/12/2012, nous terminons un cycle pour accueillir l'âge d'or. Les puissantes énergies du 5e plan de conscience remontent en ce moment par l'intermédiaire de toutes les grilles de la Terre, pour enfin abandonner la dualité, le pouvoir, l'ego, la peur, la cruauté, l'enfermement, l'individualisme...

Chaque ange détient une mission d'aide, et de service afin que l'homme puisse évoluer en conscience, sans violence, sans appréhension. Si son ego surdimensionné ne fait pas barrage aux énergies célestes, il peut réaliser de grands projets. Si l'humain a tendance à détruire ce qui le nourrit pleinement, la Terre, la nature, les animaux, les ressources naturelles, l'univers lui envoie des piqûres de rappel, des tempêtes, de la sécheresse, des maladies, des épreuves pour lui faire prendre conscience que la terre ne nous appartient pas.

En choisissant l'ombre et le bas astral, l'ange respectera la décision, de l'âme sans aucun jugement. Mais il lui enverra des signes pour essayer de lui montrer le chemin de la lumière. En sachant que cette jeune âme a besoin de cette leçon, son ami protecteur attendra qu'elle soit prête à remonter vers lui.

Dès que l'âme voudra s'élever vers les plans supérieurs, les structures de lumière s'ouvriront, elle pourra compter sur la présence bienveillante de ses êtres astraux. Elle passera une sorte d'oral de rattrapage afin que les guides puissent la secourir et évaluer la motivation de cette âme perdue, savoir si elle demeure prête à s'élever vers la Source. Toutes les âmes explorent le bas astral un jour ou l'autre, cela fait partie de l'apprentissage et de l'enseignement de celles qui ont choisi de vivre le plan de l'incarnation. Si la décision de sortir des ténèbres semble fondée, les guides de l'âme et les êtres de lumière fourniront toute l'aide nécessaire à celle-ci, pour l'élever vers le 7e plan de conscience.

Nous avons tous un concile angélique, avant notre naissance qui reste auprès de nous pendant nos diverses incarnations. Ce groupe d'êtres de lumières compte 12 anges, dont un plus grand, situé au centre du cercle qui semble remplir le rôle de superviseur. Ils œuvrent en collaboration avec la Source divine.

Le cercle de ces 12 messagers forme un groupe de gardiens bienveillants et hautement qualifiés, qui détient le pouvoir de nous amener sur notre voie divine, par des suggestions, des synchronicités, des messages remplis de symboles. La bonne nouvelle, c'est que nous sommes en train de nous adapter aux fréquences angéliques, grâce aux énergies puissantes de l'ère du verseau, qui ouvre notre potentiel spirituel.

« Le plaisir se ramasse, la joie se cueille et le bonheur se cultive ».

Bouddha

Les bienfaits des soins angéliques

- Apaisement du mental
- Activation des corps de lumière
- Protection de l'aura
- Connexion avec les guides
- Guidance personnelle
- Enseignements des guides
- Nettoyage des corps physiques, énergétiques, aurique
- Purification des charges négatives
- Capacité d'autoguérison
- Bien-être physique et mental
- Soins angéliques personnels
- Guidance, conseils lors des soins

Mon conseil

Si vous captez un message, une vision, une recommandation des guides, attendez que cela se répète 3 fois, je procède ainsi, depuis fort longtemps et souvent, ils insistent tellement pour que je communique le message, mot pour mot à la personne concernée, que je ne peux plus douter de leurs présences. Soyez dans l'accueil, sans aucune attente précise, laissez-vous guider.

Pour faire une demande de soin angélique, nous devons rester purs et dans l'amour. En formulant un décret précis et simple, nul besoin de réciter une page entière, car les guides sont télépathes, donc ils connaissent par vos pensées la teneur de votre message, avant que vous le prononciez. Ils possèdent tous des capacités spirituelles immenses, dont la télépathie.

Mais comme le son envoie une puissante énergie dans la matière et que le verbe crée la réalisation de la pensée, je persiste à dire qu'il vaut mieux le déclamer à voix haute. Vous pouvez vous entraîner avec des petites demandes et progresser ensuite. N'hésitez pas à fixer vos propres règles, car en spiritualité, il n'y a pas de dogmes, ni d'obligations, c'est la grande différence avec la religion.

Avec l'accélération du temps, les journées de 24 heures ne durent que 14 h maintenant, cela est prouvé par la physique quantique, nous allons vers l'essentiel, la simplicité, avec une seule pensée, nous pouvons envoyer de la lumière, de l'amour à une personne instantanément. La liberté d'être soi, d'agir avec son authenticité me semble primordiale pour pratiquer des soins de qualité et répondre honnêtement aux besoins des consultants.

Comment savoir si le message vient du mental ou des anges ?

Le mental impose, il devient directif, autoritaire et parfois négatif, car l'inconnu lui fait peur, votre mental ne fait pas la différence entre la vérité et le mensonge. Son rôle est de vous laisser dans votre zone de confort, afin de semer le doute, pour que vous restiez dans un cadre connu, sans prise de risque, des habitudes qui ne vous font pas évoluer, mais plutôt régresser. L'esprit cérébral, l'ego a peur du vide intérieur, il n'aime pas la nouveauté ni le changement, mais une fois qu'il sera habitué aux soins avec les anges, il se calmera pour laisser la place aux conseils avisés de vos guides.

Vous devez taire le saboteur en vous, qui essaye de vous contrôler, vous êtes maître de votre destinée, de vos choix.

Les anges parlent peu, font de petites phrases ou envoient juste des mots-clés, ils emploient la gentillesse, une voix douce et posée, sans jugement. Ils insufflent une idée, un choix, un point précis pour améliorer la qualité de votre travail et aider le consultant, sans vous brusquer, mais parfois avec insistance. Plus vous allez établir ce rapport de complicité, d'échange énergétique et d'amour avec eux, plus vos actions porteront leurs fruits. Avec une pratique régulière, on sait rapidement quel ange ou archange se manifeste. La présence angélique peut se manifester par un petit souffle dans votre cou, sur vos épaules, quelque chose de doux et de très enveloppant.

Les soins angéliques permettent d'accueillir une grande paix intérieure, ils équilibrent les chakras et restaurent les dysfonctionnements de l'aura. En libérant les charges karmiques et les mémoires limitantes, vous rétablirez le flux de l'énergie vitale en vous. Vous sentirez une complicité à chacun de vos soins, car vous n'êtes jamais seuls, leur divine énergie demeure présente dans votre cœur.

N'oubliez pas de toujours les remercier, envoyez-leur de l'amour chaque jour.

Le royaume angélique et archangélique n'est pas dans la compétition ni la dualité, c'est le juste équilibre. L'intervention céleste nous permet de réaliser au mieux votre plan divin, car nous faisons partie de la Source et du grand tout avec eux.

En priant les anges, on élève son âme vers la Source et les plans de lumière, en méditant, on se relie à notre paix intérieure, quelques minutes par jour suffisent.

Écoutez le silence, entendez votre cœur battre dans votre poitrine, respirez en prenant conscience du souffle dans vos poumons, puis expirez en diffusant cette plénitude autour de vous sans restriction.

Pour commencer, faites une affirmation chaque matin :

« Merci, mes anges, de m'accompagner,
de me protéger ainsi que mes proches,
tout au long de cette belle journée. »
Gratitude

Décret pour mon ange

« Toi mon bel ange dépose ton infinie douceur
au cœur de mon âme,
Sois la note parfaite dans mon cœur de cristal
Inscris ta signature céleste dans mon ADN quantique
Purifie la source de mes soucis d'humain
Ouvre-moi la porte du royaume angélique
Pour mon bien et celui de l'univers. »

Grâce infinie

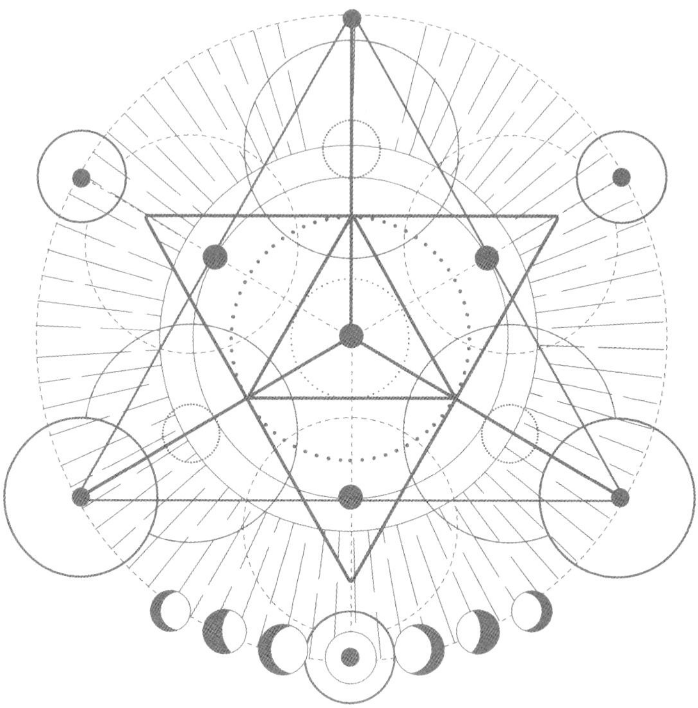

Chapitre VII

L'ÉTOILE DE L'ÂME

Pour ouvrir le canal de communication avec vos anges, nous devons en premier lieu, activer votre 8e chakra, **l'étoile de l'âme**, pour ce faire, je vous explique la façon de procéder. Si cela ne fonctionne pas la première fois, ne vous découragez pas, vous pouvez recommencer. Rappelez-vous que ce sont les êtres de lumière qui savent ce qui nous convient le mieux. Restez dans le cœur et faites-vous vraiment confiance.

Le soir, avant de vous endormir, car votre message sera plus puissant, vous devez lâcher votre mental et prononcer ces remerciements :

« Merci, mes anges pour votre aide et votre amour,
que ma nuit soit douce avec votre présence bienveillante
à mes côtés. »

Dans la journée, reposez-vous tranquillement quelques minutes et envoyez de la lumière à vos anges, ils vous répondront toujours par un petit signe très subtil, que vous seul comprendrez.

Lorsque je suis fatiguée, que mon dos semble endolori, j'appelle mes anges et demande qu'ils viennent poser leurs ailes derrière moi, qu'ils m'enveloppent de douceur en étalant un baume de guérison sur la partie souffrante de mon dos.

Pour aider les enfants à s'endormir le soir, pratiquez ce petit rituel ludique. Demandez au petit d'appeler à voix haute les anges gardiens dans sa chambre. Il doit placer un ange devant son lit et un autre derrière, puis un dessous et au-dessus. Ils adorent cela, ils peuvent prendre part à ce jeu et sont les acteurs de leur protection céleste.

À certaines périodes, je remarque la présence bienveillante d'un ou plusieurs archanges, surtout pendant les soins, ils restent avec moi pendant plusieurs jours. Le message veut dire que je dois travailler à ce moment avec ce rayon angélique et je m'y emploie toujours. Je perçois tout d'abord comme une aura très lumineuse devant moi, puis le nom du guide m'apparaît en télépathie.

En l'évoquant, il n'est pas rare que le consultant me confirme qu'il s'intéresse à cet archange en ce moment.

Tout le monde sait que le hasard n'existe pas !

Si vous désirez connaître le nom de vos guides, il suffit de penser très fort à eux et d'observer les signes qu'ils vont vous envoyer dans les 3 jours suivant votre demande.

Mettez en place, vos propres habitudes avec vos anges, tout est juste dans le monde céleste, ils cultivent l'humour et aiment qu'on leur porte un peu d'attention quotidienne. Vous établirez une relation intime et forte avec eux.

Le 8e chakra nous connecte au siège de notre âme et nous permet de nous libérer des mémoires du passé. C'est un chakra secondaire très important du fait de sa puissante énergie vibratoire.

Il est situé au-dessus du chakra coronal, dans la couche astrale, il rassemble toutes les propriétés des 7 autres chakras principaux et peut agir directement sur la protection de l'aura. Son émanation permet d'amplifier la dimension et la puissance du champ aurique. Dès que le taux vibratoire des corps subtils progresse, cela impacte directement les activations de nos codes quantiques.

C'est la clé de l'âme, il représente une étoile à 8 branches, sachant que le chiffre 8 est aussi la lemniscate sacrée, symbole du signe de l'infini et de l'abondance de toutes choses, mais aussi de l'ouverture de la communication angélique. Il symbolise l'amour divin, la compassion et l'altruisme. Ce chakra détient aussi la mémoire des vies antérieures, de toutes nos blessures karmiques, de nos expériences bonnes ou mauvaises. Il sert aussi de grand filtre protecteur contre les égrégores négatifs, les âmes errantes en plaçant autour de votre aura un écran lumineux contre les influences nocives, les mauvaises énergies. Son autre qualité et pas des moindres, peut vous aider à libérer les anciens karmas trop lourds, car il détient la capacité de vous libérer des charges qui se trouvent imprimer dans vos annales akashiques.

Lemniscate sacrée

Cette étoile or et blanche, nous relie à notre âme, par le canal de lumière, car c'est par lui que nous nous incarnons et repartons vers notre famille d'âme à notre mort terrestre. Sa couleur or représente la voie de la lumière céleste et le blanc, la pureté des anges. Son archange référent se nomme Métatron, sa pierre est le cristal de roche qui peut amplifier les énergies subtiles.

Le 8e chakra, une fois activé contient une grande puissance vibratoire, qui va vous permettre de vous relier à vos guides de lumière, il contient la connaissance du tout, de l'univers et de tous les enseignements que nous avons acquis au cours de nos nombreuses incarnations. C'est le symbole fort de l'ascension vibratoire, avec l'aide de notre canal de lumière qui est relié directement à nos anges et à notre famille spirituelle.

Le karma correspond aux traces de nos mémoires laissées dans tous nos champs énergétiques par nos vies antérieures (la bibliothèque akashique).

Les épreuves passées peuvent causer de graves effets sur nos comportements, actuels, comme : les apprentissages non intégrés, les blessures de l'âme, les traumatismes non résolus. Heureusement, la plupart du temps, nous avons le pouvoir de dégager les souvenirs les plus douloureux de notre passé karmique, tout seul.

L'activation du 8e chakra permet de nettoyer une partie de ces anciennes réminiscences, lorsqu'il devient bien équilibré les énergies se déversent dans notre aura pour la renforcer en augmentant ainsi notre protection. Lorsqu'il est activé, le chakra étoile de l'âme dispense de bonnes fréquences dans tous nos corps subtils et augmente la bonne santé physique et spirituelle, à l'inverse, lorsqu'il semble fermé, on se sent vulnérable et déséquilibré. L'étoile de l'âme représente l'amour du divin, du pardon et de la générosité. En ouvrant cette 8e porte vers les guides, vous allez pouvoir recevoir les guidances angéliques directement dans vos quatre corps subtils.

Il n'est pas rare de voir les 3 anges gardiens se positionner autour de l'étoile de l'âme au cours du soin, parfois j'en perçois 4, cela dépend du consultant. Ils se placent autour du chakra en arc de cercle, comme le font des guides bienveillants qui accompagnent en douceur un enfant qui découvre la lumière.

Lorsque je procède à cette ouverture de fréquences, je vois l'étoile or et blanche tourner dans le sens inverse des aiguilles d'une montre, puis lorsque je demande l'activation elle se met en mouvement dans le sens horaire, ce qui m'indique que la mission se réalise. Cet exercice peut être renouvelé plusieurs fois, vous devez vous fier à votre ressenti.

Après l'activation, la connexion angélique est établie, vous pourrez voir les anges gardiens autour du 8e chakra de la personne en soin. Parfois il y en a 4, je ne sais pas pourquoi et cela n'a pas vraiment d'importance, plus on a d'anges avec nous, mieux c'est !

Cette ouverture va permettre d'accéder ensuite aux autres chakras stellaires, le 9e le lunaire, l'énergie du féminin sacré, le 10e le solaire, le 11e le galactique et le 12e l'universel, pour ensuite pouvoir se connecter au soleil central, qui se nomme Alcyone, qui représente la plus grande étoile des pléiades et qui contient une énergie de force, celle du masculin sacré.

Plus on évolue, plus on apprend à se mettre en relation vibratoire avec les étoiles, les galaxies et planètes de l'univers, tout devient immense et infinie dans notre évolution spirituelle. Choisissez ce qui vous attire vraiment, ce qui est en harmonie avec votre être profond, soyez à l'écoute de vos besoins spirituels, restez humbles et poursuivez tranquillement votre chemin d'éveil.

L'âme s'incarne puis repart à notre mort physique par le tube de lumière accompagnée des anges. Observez les personnes qui ont fait une E.M.I. (expérience de mort imminente), elles parlent toutes de ce fameux tunnel de lumière d'amour. Ces puissantes fréquences sont canalisées par votre 8e chakra, puis elles descendent par le tube de lumière jusqu'au cœur de votre moi supérieur. Toutes vos capacités spirituelles, que cela soit la canalisation, la médiumnité, la clairvoyance, la télépathie, le clair ressenti, ainsi que l'ouverture de vos annales akashiques vont alors, véritablement s'activer. Si c'est juste pour votre karma, en accord avec les êtres de sagesse.

Écoutez des musiques inspirantes à 432 hertz, le son crée par cette fréquence de bas en haut, fais vibrer en nous d'autres parties de notre corps, comme celles qui sont bloquées dans le but de les réveiller et de les mettre en éveil. Cette fréquence est la résonance de l'eau, ce qui représente un des éléments majeurs de notre corps physique qui est composé de 70 % d'eau environ. Ce qui nous laisse présager de l'importance de cette vibration sur l'être humain. L'eau a une mémoire, voire les travaux du professeur Montagnier sur « influences du son sur l'eau ». La résonance de Schumann explique que les ondes cérébrales restent en parfaites résonances avec ces fréquences très graves et inaudibles, celles qui mesurent la fréquence de la Terre. Tout semble relié et en parfaite adéquation dans l'univers et sur la Terre.

Il n'existe pas deux êtres semblables, pas deux d'arbres identiques, ni deux chemins spirituels qui se ressemblent.

« Il faut viser la Lune, parce qu'au moins si vous échouez, vous finissez dans les étoiles. »

Oscar Wilde

Exercice d'activation du 8e chakra

1/ Procédez à votre ancrage par les pieds, le chakra racine, le sacré, le plexus.

2/ Pratiquez 5 respirations abdominales profondes et centrez-vous dans le chakra cœur.

3/ Visualisez votre colonne vertébrale comme un grand couloir énergétique.

4/ Remontez lentement votre taux d'énergie, en partant du sacrum jusqu'au coronal, comme une ondulation, qui vous élève doucement, en conscience jusqu'au sommet de votre tête, au 7e chakra.

5/ Au-dessus du chakra coronal (40 cm environ), vous visualisez une étoile or et blanche à huit branches, en 3 dimensions qui brille. Vos 3 anges gardiens sont placés autour de l'étoile pour vous accompagner dans cette activation.

6/ Maintenant, vous invoquez l'assistance de l'archange Métatron, le référent du 8e chakra.

7/ Prononcez le décret d'activation à voix haute, visualisez votre étoile de l'âme qui se met à tourner sur elle-même, dans le sens inverse des aiguilles d'une montre.

8/ Prenez le temps de bien vous connecter, quelques dizaines de minutes, respirez calmement, accueillez cette activation divine comme un cadeau des anges.

9/ Demandez maintenant l'activation de votre chakra et voyez-le tourner dans le sens horaire des aiguilles d'une montre, respirez tranquillement.

10/ Vous êtes maintenant relié aux fréquences angéliques, remerciez Métatron pour sa protection. Vous pouvez procéder plusieurs fois à cette activation, sans aucun danger, il suffit de bien se préparer, avec l'enracinement à Gaïa, puis en demandant à vos anges de vous guider.

Décret d'activation de l'étoile de l'âme

« Je demande l'activation de mon chakra étoile de l'âme
Afin de pouvoir me connecter aux fréquences angéliques
Je demande à être en relation avec mes anges,
si cela est juste pour mon évolution
Je remercie humblement,
l'archange Métatron pour son assistance divine
Que cette connexion se réalise, aujourd'hui et maintenant,
pour mon bien et celui de l'univers »

Grâce infinie

« Le bien que l'on fait parfume l'âme, on s'en souvient toujours un peu ».
Victor Hugo

Anecdote personnelle

« Lors d'un soin angélique avec une personne en éveil spirituel, nous avons eu la chance de recevoir une belle visite. J'avais mis en place la bulle or et dorée, dans ses chakras afin d'accueillir les fréquences cristallines. J'avais procédé aux différentes activations des chakras et des ailes angéliques, puis en ouvrant le chakra cœur avec le rayon or et blanc jusqu'à l'extérieur de son aura, je lui fis réciter le décret pour recevoir son concile angélique. Je fis sonner 3 fois mon bol tibétain pour concrétiser notre intention de connexion céleste. Les 12 anges se tenaient devant lui, tout semblait idéal, lorsque je visualisai par mon 3e œil un petit bouddha en or, qui me transmit le message suivant. »

"Je suis le guide bouddhique, explique à cette personne qu'il fasse appel à mes connaissances et à ma sagesse, pour l'aider à progresser dans sa mission de coach" ».

Ce message reçu en canalisation lors d'une séance est le premier que j'ai reçu d'une énergie bouddhique.

Votre 8e chakra est activé maintenant, vous pouvez recevoir, transmettre des messages à vos anges et bien sûr en recevoir aussi. Cette relation divine, ne fait que commencer pour votre plus grande satisfaction, les canaux vont s'ouvrir, la télépathie, la clairvoyance, la clairaudience toutes ces facultés sacrées font partie de vous maintenant.

Mais le travail commence, il faut étudier quotidiennement pour développer et affiner vos capacités, car vous êtes en apprentissage perpétuel et tout cela se mérite.

Après avoir activé tous mes chakras angéliques, au cours de la nuit suivante, j'ai reçu la visite de mon concile angélique, comme quoi l'énergie des anges est incroyable. Le concile est composé de 12 anges, dont un au centre plus grand, lorsqu'ils viennent ainsi nous transmettre un message, il faut le prendre au sérieux, car pour moi, cette apparition a changé ma vie.

Anecdotes personnelles

« Le fait de rassembler des énergies communes et d'activer les chakras et les ailes angéliques, nous permet d'ouvrir tous les champs du possible. Une autre fois lors d'un stage sur les activations angéliques, Cécile pratiquait un soin sur Jean-Philippe et elle a vu son aura entourée de lumière violette tout autour de lui, son guide Maître Saint-Germain était à ses côtés, à n'en pas douter!

En allant vérifier le travail fait par mes élèves, je vis également un grand halo violet tout autour de Jean-Philippe, c'était très beau. »

« Il y a quelques mois, j'ai fait un soin à un chat nommé Billy, sa maîtresse semblait inquiète, car il devait endurer deux opérations assez importantes, et elle me demanda de m'occuper de son animal qui était tout pour elle. Je précise que je ne pratique pas la communication animalière, pas consciemment en tout cas! Mais là, mon cœur me disait de le faire, au moins d'essayer de le faire.

Ce fut une aventure très enrichissante. En communiquant par télépathie avec Billy, j'ai pu le rassurer et lui expliquer pourquoi il fallait qu'il subisse cette intervention au niveau des dents, parce qu'il avait une calcivirose. Les informations concernant l'état de ce chat me venaient naturellement, il me posait des questions et me communiquait ce qu'il ressentait. J'ai même pu lire une de ces vies antérieures, comme quoi l'énergie n'a pas de limites!

Ce petit félin m'a confié qu'il ne pouvait plus mâcher ses croquettes, car il souffrait d'une inflammation des gencives et il voulait que je demande à sa maîtresse de lui acheter des sardines et du thon! Ce qu'elle a fait, et il a pu manger un peu, quelques jours après.

J'ai essentiellement invoqué l'assistance de l'archange Ariel qui protège les animaux, puis de l'archange Mickaël pour le chakra gorge. Je l'ai placé dans une coque de protection durant 3 jours et à chaque intervention avec l'aide de la flamme violette et du Maître Saint-Germain, en visualisant les rayons verts et or, comme un rayon laser sur les gencives et la gorge de Billy. J'ai nettoyé son corps éthérique qui en avait bien besoin et transmuté toutes les charges en lumière positive. Les anges ont soutenu ce chat avec leur bienveillance. Tout être vivant mérite le respect et l'amour. »

Grâce infinie aux guides de lumière et à l'archange Ariel, pour son aide précieuse.

L'énergie de guérison me paraît tellement illimitée pour celui qui la transmet avec tout son cœur ; bien sûr le vétérinaire a soigné et sauvé ce chat, mais je sais au fond de moi que les fréquences angéliques l'ont empêché de souffrir et plus encore. Les soins énergétiques, karmiques, angéliques sont complémentaires avec les soins allopathiques, nous pouvons travailler ensemble en bonne harmonie. La personne recevra l'énergie qui sera bienfaisante pour elle, nous ne sommes que des canaux vibratoires auprès des guides et de la Source. Restons humbles et conscients que nous sommes au service de la lumière divine et des guides.

« Voilà comment sont les yeux des anges, ils peuvent voir jusqu'au fond du cœur. »
Théodore Roszak

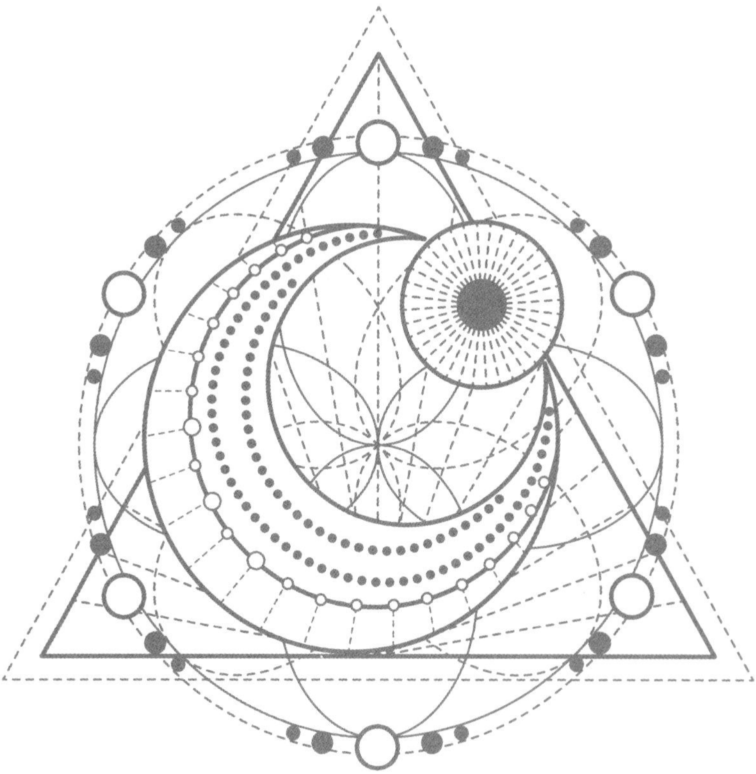

Chapitre VIII

Les anges atlantes

Depuis la disparition de la Lémurie et de l'Atlantide, il y a environ 20 000 ans, les humains ont perdu leurs capacités spirituelles, la télépathie, la clairvoyance, la télékinésie, le clair ressenti, la clairaudience, l'art de la guérison par les sons et les cristaux. Leurs egos, leurs rivalités ont mis fin à ces magnifiques civilisations très prometteuses.

À l'époque, les Atlantes et les Lémuriens connaissaient un essor important et effectuaient leurs soins avec des formules incrustées dans les pierres, les thérapies quantiques se pratiquaient couramment. La puissance émise par les cristaux permettait de guérir toutes sortes de maux, ils possédaient un savoir-faire inégalé à ce jour. Leurs connaissances en physique quantique, en astronomie, en architecture, en navigation faisaient de ces peuples, des êtres souverains sur le continent atlante et de la Lémurie. Ces deux peuples réunissaient des consciences d'intelligences exceptionnelles, telles que des dieux, des déesses, des prêtres et prêtresses, des gardiens des cristaux, des guérisseurs par le son, des bâtisseurs, des scientifiques, entre autres...

Au cours de plusieurs méditations régressives, j'ai très vite compris que je connaissais cette cité antique. Je percevais que mon âme avait vécu à cette époque, au cœur de l'Atlantide, je me sentais chez moi, à ma place. En consultant, un médium karmique, quelques années auparavant, il me révéla que j'avais fait partie de ce peuple atlante, en tant que déesse chargée de transmettre les codes de guérison des cristaux aux grands prêtres. Les divinités Atlantes se nommaient les maîtres de lumière, car ils détenaient le pouvoir de guérison des rayons sacrés.

Lady Nada, grande prêtresse de la cité diffusait les clés de la spiritualité, ses doctrines et préceptes invitaient les guérisseurs à parfaire leurs techniques de soin et leurs évolutions spirituelles. Détentrice du rayon rose, elle savait partager la connaissance de l'amour universel et inconditionnel pour tous.

Sérapis Bey (rayon blanc) fut un des grands instructeurs de cette civilisation, comme grand maître atlante, son origine vénusienne lui conférait d'immenses qualités de compassion, d'altruisme et d'enseignants des soins quantiques de lumière. Sa fonction lui attribuait le pouvoir de communiquer au plus haut niveau sur les techniques miraculeuses de la médecine atlante avec ses rayons et ses cristaux. Sérapis Bey ne transmettait pas seulement la géométrie sacrée et les soins de lumière, il chargeait les anges atlantes d'élaborer les plans du Nouveau Monde qui se mettait en place, ensemble ils ont préparé ensemble l'avènement de l'ère que nous vivons actuellement.

Tous les grands temples, les pyramides d'Égypte, les sites sacrés comme l'île de Pâques, le Machu Picchu, les temples mayas furent construits avec l'aide des architectes atlantes et des grands bâtisseurs de la fraternité blanche. Le peuple savait dialoguer avec les êtres angéliques, opérer avec des chirurgies quantiques, car leur efficacité thérapeutique étaient connues de tous, depuis longtemps.

Tous les paliers ascensionnels que nous traversons actuellement semblent avoir été anticipés par les grands sages atlantes de la cité du mont Poséidon, grâce à leurs connaissances et leurs capacités, ils sont en train d'envoyer le rayon blanc sur la planète, car cela fait partie du grand plan divin.

Le soir venu, ceux qui le souhaitaient venaient se réunir au centre du dôme, dans une salle spéciale où trônait un immense cœur en cristal, afin d'invoquer les anges atlantes pour recevoir les bénédictions de la grande fraternité blanche et leurs conseils avisés. Ces êtres lumineux partageaient avec les grands guides enseignants le pouvoir de diffuser le rayon blanc de la connaissance divine.

Mon témoignage atlante reçu en canalisation

« La cité ressemble à une bulle parsemée de bleue et de vert translucide. Je vois des édifices de quartz blanc ayant des formes géométriques diverses, autour des bâtiments transparents, je regarde émerveillée, les grandes sphères de cristal, la végétation très luxuriante paraît épouser les contours des constructions avec grâce. La vie semble éternelle et douce, les habitants respirent la sérénité et ils se déplacent tranquillement, vaquant à leurs occupations soit à pied, soit en lévitation.

Je ressens une telle harmonie dans ce lieu, que tout mon être respire la paix, je ne fais qu'un avec ma cité et mon peuple.

On peut apercevoir au loin, le mont Poséidon qui ressemble à une immense coupole de verre bleutée. Je suis une femme très grande d'environ deux mètres, je porte une robe longue bleu vif et une ceinture argentée, mes cheveux blonds sont très longs, entourés d'un diadème de cristal sur ma tête. Je pénètre dans le mont Poséidon, là, il y a des salles remplies d'énormes colonnes de cristaux en forme de diamant, qui pointent en direction du ciel, comme des rayons laser. L'espace de la bulle de verre me semble immense et pur, il émane une atmosphère évanescente autour du quartz et des personnes.

Les gardiens de ces pierres opalescentes transmettent des décrets curatifs par le son de leurs chants sacrés. Les prêtres remplissent la charge de chamanes, d'homme médecin, ils travaillent avec les protecteurs des cristaux atlantes.

Les guides de lumières tels que les anges et les archanges veillent sur la population et sur les précieuses pierres sacrées. Ils occupent la fonction d'enseignant pour les Atlantes.

Les dieux et les déesses séjournent la plus grande partie de leur temps dans des sphères de cristal immenses pour prendre soin de la cité et ses habitants. Je me vois dans cette bulle transparente, debout, où j'aperçois toute la vie du peuple qui vaque dans le mont Poséidon. Nous communiquons tous par télépathie, par vibrations du cœur, un simple regard en dit long. Chaque habitant de la cité est heureux et personne ne vit sous les ordres, ni la contrainte d'une quelque conque autorité. Les titres ne signifient pas un pouvoir, mais seulement une mission à effectuer.

Ma responsabilité est de protéger, de soutenir les gens qui ont besoin de conseils et de les encourager à trouver leur mission d'âme. Nous avons tous des capacités et nous les utilisons à bon escient pour servir la cité, le peuple et avec l'aide des cristaux que nous vénérons comme des objets de culte.

Mes êtres de lumière venaient m'enseigner, me guider chaque jour, et la communication se faisait souvent le matin dès l'aube. Tous les Atlantes recevaient les fréquences angéliques, cela faisait partie de leurs quotidiens ».

Les épreuves de l'âme

Le rôle principal de nos anges gardiens comme son nom l'indique est de nous garder dans l'amour et la joie afin de devenir des personnes pleinement incarnées. Au sein de l'univers, les âmes attendent toutes impatiemment de pouvoir descendre sur les plans terrestres, car elles désirent apprendre et vivre l'incarnation pour évoluer et devenir à leur tour des êtres de lumière. Ces âmes vont devoir affronter la première difficulté qui est d'intégrer un corps physique, lourd et dense. Notre ange physique sera là pour aider à porter ce corps de chair.

Certaines âmes renoncent à venir en chemin, et repartent vers leur famille d'âme, cela s'appelle une fausse couche, un avortement, la mort subite du nourrisson parfois. C'est l'âme qui décide de venir sur Terre, ne culpabilisez pas, si elle repart vers les gardiens du jardin des âmes. Pardonnez-vous, si vous avez vécu ces terribles épreuves, cela fait partie du plan divin de votre karma et de celle de l'enfant aussi, envoyez de l'amour à ce petit être en vous qui est blessé.

L'âme qui est accompagnée des êtres de lumière peut vouloir revenir sur Terre, plusieurs fois, pour l'expérience de l'incarnation, ce qui peut engendrer plusieurs fausses couches. Vous devez envoyer de la tendresse, de la lumière divine à cette petite âme, pour apaiser votre chagrin. Les épreuves sur Gaïa nous paraissent parfois insurmontables et injustes.

« Ce qui ne tue pas me rend plus fort. »
Nietzsche

Chaque apprentissage karmique vous fera grandir, appréciez vos progrès, soyez indulgents avec vous. Sachez que personne ne s'incarne pour souffrir, mais simplement, pour libérer les blessures de l'âme puis les équilibrer pour finalement les libérer complètement.

Dans toutes les épreuves que vous traversez, dites-vous **que vous n'êtes jamais seuls**. Si vous sentez de la peine, de la détresse en vous, invoquez vos anges gardiens. Ils porteront votre chagrin avec bienveillance, le poids de vos douleurs afin d'alléger votre cœur et votre âme.

Écrire peut vous soulager, posez une action dans la matière, pour toutes les douleurs, les soucis que vous portez courageusement depuis fort longtemps. Si vous laissez vos émotions partir vers la Source, afin de les transmuter en lumière pur amour, cela vous fera beaucoup de bien. Il n'est pas nécessaire de voir anges ou de les entendre pour mériter leur amour.

Ils veillent sur vous depuis la conception de votre âme. Ils vous connaissent mieux que vous-même, car leurs capacités leur permettent de tout percevoir et de tout pardonner. Je vous mets, ci-après, le tableau des noms de vos anges gardiens.

Tableau des Anges

I. Séraphins Métatron 1 Vehuiah (21 au 25/03) 2 Jeliel (26 au 30/03) 3 Sitael (31/03 au 4/04) 4 Elemiah (5 au 9/04) 5 Mahasiah (10 au 14/04) 6 Lelahel (15 au 20/04) 7 Achaiah (21 au 25/04) 8 Cahetel (26 au 30/04)	**II. Chérubins** Raziel 9 Haziel (1 au 5/05) 10 Aladiah (6 au 10/05) 11 Lauviah I (11 au 15/05) 12 Hahahiah (16 au 20/05) 13 Yezalel (21 au 25/05) 14 Mebahel (26 au 31/05) 15 Hariel (1 au 5/05) 16 Hekamiah (6 au 10/05)	**III. Trônes** Tsaphkiel 17 Lauviah II (11 au 15/06) 18 Caliel (16 au 21/06) 19 Leuviah I (22 au 26/06) 20 Pahaliah (27 au 1/07) 21 Nelchaël (2 au 6/07) 22 Yeiayel (7 au 11/07) 23 Melahel (12 au 16/07) 24 Haheuiah (17 au 22/07)
IV. Dominations Zadkiel 25 Nith-Haiah (23 au 27/07) 26 Haaiah (28/07 au 1/08) 27 Yerathel (2 au 6/08) 28 Seheiah (7 au 12/08) 29 Reiyel (13 au 17/08) 30 Omaël (18 au 22/08) 31 Lecabel (23 au 28/08) 32 Vasariah (29/08 au 2/09)	**V. Puissances** Camaël 33 Yehuiah (3 au 7/09) 34 Lehahiah (8 au 12/09) 35 Chavakiah (13 au 17/09) 36 Menadel (18 au 23/09) 37 Aniel (24 au 28/09) 38 Haamiah (29/09 au 3/10) 39 Rehael (4 au 8/10) 40 Ieiazel (9 au 13/10)	**VI. Vertus** Raphaël 41 Hahahel (14 au 18/10) 42 Mickael (19 au 23/10) 43 Veuliah (24 au 28/10) 44 Yelahiah (29/10 au 2/11) 45 Sealiah (3 au 7/11) 46 Ariel (8 au 12/11) 47 Asaliah (13 au 17/11) 48 Mihael (18 au 22/11)
VII. Principautés Haniel 49 Vehuel (23/11 au 27/12) 50 Daniel (28/11 au 2/12) 51 Hahasiah (3/11 au 7/12) 52 Imamiah (8/11 au 12/12) 53 Nanaël (13/11 au 16/12) 54 Nithaël (17/11 au 21/12) 55 Mebahiah (22 au 26/12) 56 Poyel (27/12 au 31/12)	**VIII. Archanges** Michael 57 Nemahiah (1 au 5/01) 58 Yeialel (6 au 10/01) 59 Harahel (11 au 15/01) 60 Mitzraël (16 au 20/01) 61 Umabel (21 au 25/01) 62 Iah-Hel (26 au 30/01) 63 Anauël (31/01 au 4/02) 64 Mehiel (5/02 au 9/02)	**IX. Anges** Gabriel 65 Damabiah (10 au 14/02) 66 Manakel (15 au 19/02) 67 Eyaël (20 au 24/02) 68 Habuhiah (25 au 29/02) 69 Rochel (1 au 5/03) 70 Jabamiah (6 au 10/03) 71 Haiaiel (11 au 15/03) 72 Mumiah (16 au 20/03)

Chapitre IX

L'Arbre Séphirotique

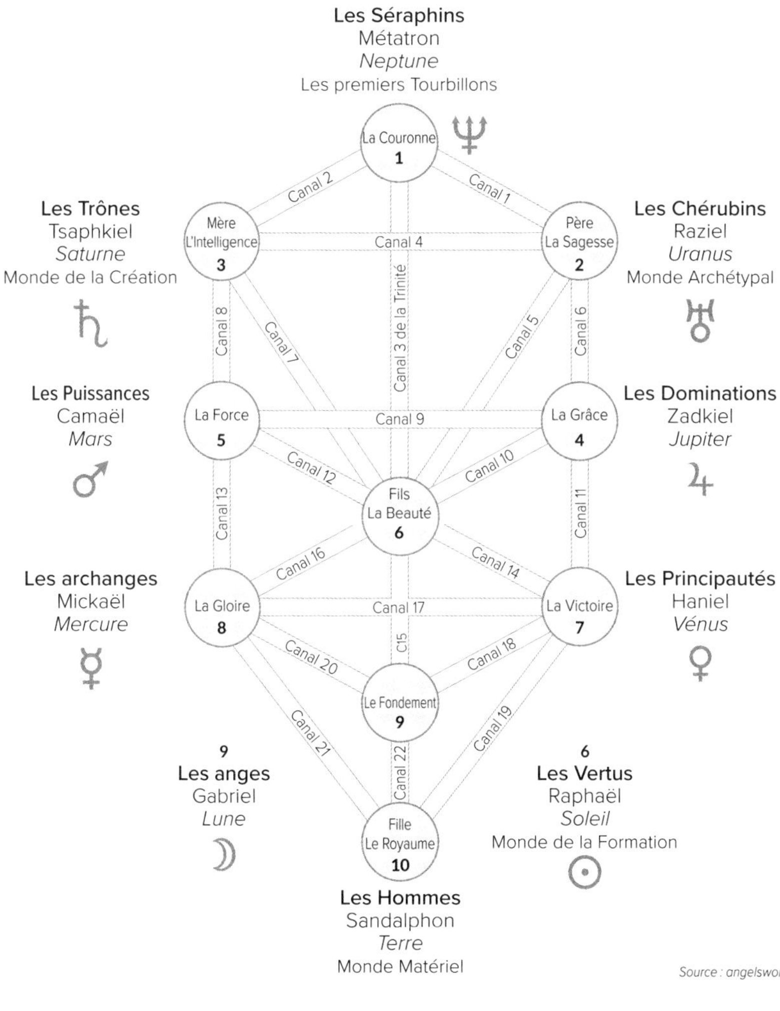

Source : angelsword.net

L'arbre Séphirotique a été créé par la Source, dans le but de nous aider à grandir en conscience, d'élever spirituellement l'âme pour qu'elle atteigne le plan divin. Il représente le symbole fort de notre progression karmique vers les mondes de lumière. Il se compose de 9 cœurs angéliques qui décrivent le parcours de l'âme. Soit, les différentes étapes qu'elle doit franchir pour son accomplissement spirituel. Chaque étage de cette grille céleste contient 8 anges et un archange recteur. Vous trouverez votre chœur angélique de cette vie, en consultant le tableau de l'arbre Séphirotique, ci-après.

Pour mériter notre nirvana, nous devons gravir ces 9 étapes de l'arbre Séphirotique, au moins une fois, ce qui est assez rare. La première fonction du premier chœur consiste à protéger puis assister l'âme lorsqu'elle en fait la demande. Vous trouverez une fonction bien spécifique dans votre cœur angélique actuel. Un enseignement, une étape en résonance avec votre vie terrestre, mais si la leçon ne paraît pas bien intégrée, vous redoublerez comme à l'école !

Votre âme se place dans cette échelle d'élévation, selon votre date de naissance, selon le travail à accomplir. Chaque chœur angélique comporte 2 possibilités, la première est la transmutation karmique par l'apprentissage spirituel.

La seconde la stagnation, le refus d'évolution, pour celles qui ne veulent pas avancer. De ce fait, elles vivront des karmas beaucoup plus difficiles que les autres.

Si les leçons ne sont pas intégrées, l'âme va stagner plusieurs vies dans le même chœur. A contrario, d'autres vont aller plus vite et parfois elles peuvent sauter une étape de l'arbre, mais cela reste rarissime, car le chemin d'ascension doit passer par les 9 chœurs. Ceux qui parviennent à gravir l'arbre plus rapidement, deviennent les grands maîtres spirituels et les maîtres ascensionnés.

L'âme peut franchir ces 9 étapes en 9 incarnations ou plus, elle n'a aucune limite de temps y parvenir. Les guides respectent le degré d'évolution de chacune. Pour toutes les incarnations, l'âme établit un plan de vie complet, sans but de compétition ou niveau hiérarchique au sein de l'arbre. Une âme peut avoir franchi tous les niveaux, et ne pas vouloir exploiter ses capacités, ne pas vouloir partager ses connaissances au service des autres. Cette âme devra alors recommencer son parcours initiatique et franchir les 9 cœurs à nouveau, mais en conscience cette fois.

Le cœur de Séraphins contient la dernière étape de la hiérarchie de l'arbre pour l'âme, celle des êtres supérieurs, énergétiquement.

Il comporte trois cœurs, les Séraphins, les Chérubins, les Trônes. Ce 9e niveau est en lien direct avec la Source.

Le divin a commencé par créer le chœur des séraphins, le plus haut niveau hiérarchique de cette essence angélique, qui est issue celle des chérubins, puis de celle des trônes, des dominations, des puissances, des vertus, des principautés, des archanges et pour finir celle des anges. Chaque chœur est la continuité du précédent, comme les couches auriques. Tout semble orchestré par une puissance experte.

Chaque cœur contient la présence bienveillante de 8 anges et d'un archange titulaire, sachant que chaque essence vibratoire du cœur de l'arbre est issue de l'énergie du cœur précédent. Toute la puissance de l'arbre se nourrit des fréquences telluriques de Gaïa pour l'ascension vers la source, comme une montée de Kundalini. C'est la raison pour laquelle, il faut le lire de bas en haut. L'arbre Séphirotique est à l'image à l'Arbre de vie, qui est le symbole de l'alignement par les racines qui descendent dans la terre et se connecte au cœur de cristal vert émeraude de Gaïa. Le tronc représente le corps humain avec sa force et sa grandeur, les branches de l'arbre sont tournées vers le ciel pour se brancher à l'énergie de l'univers. Dans la pratique du yoga, on retrouve la posture de l'arbre pour se centrer et trouver un bel équilibre physique et émotionnel.

Chaque cœur de l'arbre contient sa propre essence divine, sa raison d'être, pour l'apprentissage de l'âme. À l'intérieur de ces paliers initiatiques, elle apprend et évolue afin d'accéder au cœur supérieur dans le but de retourner dans sa famille d'âme. En intégrant son dharma elle atteindra le nirvana, l'état de grâce suprême. La libération des blessures et des expériences karmiques douloureuses se réalise au cours du cycle des nombreuses incarnations. Si la leçon ne semble pas intégrée ni acceptée, l'âme reste dans le cœur de l'arbre actuel et peut même redescendre au niveau inférieur de celui-ci, en accord avec les enseignants protecteurs de l'arbre Séphirotique.

L'âme peut choisir de revenir dans un cœur bien précis, si elle désire parfaire certaines de ses connaissances même si elle se positionne au plus haut sommet, celui des Séraphins. Le cœur des Trônes par exemple ressemble à une classe de rattrapage, où l'âme peut se spécialiser dans un domaine précis ou bien se libérer de ses anciens schémas récurrents.

Chaque cœur détient un enseignement bien précis pour l'âme. La mission commune à tous ces cercles vertueux est d'accompagner les humains/divins dans l'amour inconditionnel vers les mondes supérieurs.

Tous les cœurs de l'arbre sont liés entre eux via une puissante énergie vibratoire commune, l'essence divine qui nous relit les uns aux autres et par conséquent au grand tout, à l'univers. À l'image des anges, les êtres humains appartiennent à une famille d'âme depuis l'étincelle divine de la Source, après le big bang, les anges, eux font partie de l'arbre Séphirotique, leur famille angélique. En théorie, les anges ne s'incarnent pas sur Terre, mais toutes règles à ses exceptions!

Les 9 chœurs de l'arbre Séphirotique

La maison des Séraphins

Elle représente l'amour divin, universel, ils ont la capacité de transmuter l'ombre vers la lumière, cette famille d'âme, peut contenir des passeurs d'âmes, des chamans, des alchimistes aussi. Ces personnes formées avec les Séraphins ont acquis beaucoup d'expérience et de sagesse depuis des centaines de karmas. Elles ont atteint le plus haut niveau de l'arbre angélique et peuvent choisir de rester en tant que guide terrestre ou œuvrer depuis les plans de lumière.

Archange référent: **Métatron**

La maison des Chérubins

Elle prend soin de la santé mentale des humains, en les aidant à être plus stables, à faire des choix plus en accord avec leur mission de vie. Ce cœur est orienté vers la santé, l'harmonie, mais aussi la guérison des maladies psychiques, la bipolarité, les dépressions. Les Chérubins veillent au bien-être des animaux et de la planète, ils possèdent des qualités de perception extra-sensorielle très développées. Très protecteurs, ils ont besoin de se sentir indispensables et en aidant l'autre. Le travail ne leur fait pas peur, mais ils s'éparpillent parfois et cherchent souvent leurs voies.

Archange référent: **Raziel**

La maison des Trônes

Ce chœur est très particulier, niveau 3, il signifie que vous avez un karma répétitif à régler, une mission difficile. L'âme cherche son chemin, au cours des diverses épreuves karmiques, elle a pu franchir toutes les étapes de l'arbre, mais elle doit revenir pour un apprentissage bien spécifique. Son parcours semble compliqué, mais formateur, ce chœur est spécialisé dans les mémoires akashiques et la mission de l'âme. Toutes les âmes ne passent pas par l'étape des Trônes, car il demeure très compliqué à expérimenter, seules les âmes anciennes et abouties y séjournent. Ce niveau est spécialisé dans le karma, les blocages, les soins énergétiques, le spiritisme, les sciences occultes.

Archange référent : **Tsaphkiel**

La maison des Dominations

C'est la maison de la spiritualité, niveau 4, les missionnaires, les artistes dans l'âme, les êtres éveillés, l'analyse des situations, l'altruisme. Ils viennent réaliser des projets de vie, des missions et accompagner les autres avec de bons conseils. Leur but semble d'atteindre la perfection, le bonheur en toutes circonstances. Ils possèdent un fort caractère, dominateur, autoritaire et parfois utopiste. Leur mental est très présent, car ils aiment contrôler et gérer les événements. Ces sujets sont très sensibles et émotifs en raison de leurs ambitions de vouloir devenir des leaders, des enseignants.

Archange référent : **Zadkiel**

La maison des Puissances

Le niveau 5, leur mission est de nettoyer les karmas négatifs. Ils doivent franchir 3 cœurs pour atteindre leur évolution finale, si la leçon semble intégrée. Si pas de karmas négatifs à ce stade, on ne va pas dans le cœur des Trônes. C'est le bonheur intérieur, une certaine plénitude, le caractère est fort vif et intelligent. Ils aiment diriger en chef de groupe, ils sont de bons conseillers pour aider les autres. On se confie facilement à eux, car ils savent écouter et bien conseiller avec sagesse. La diplomatie, la patience et la psychologie font partie de leurs qualités humaines. Leur puissance n'a d'égale que leur sens des responsabilités et de qualités de cœur.

Archange référent: **Camaël**

La maison des Vertus

Il y a 4 chœurs à passer pour atteindre celui des Séraphins, hors Trônes, niveau 6. Excellent guérisseur, attentionné et de très bons guides pour conseiller les autres. En général, joyeux et légers, ils aiment transmettre des messages et réalisent souvent des petits miracles. Peu diplomates, mais ils savent prendre soin de l'âme. Leurs conseils sont justes et bienveillants. Assez patients dans leurs domaines d'activité, mais peu loquaces et souvent discrets. Ils ont l'intelligence du cœur et un assez bon instinct, très réceptifs aux énergies et aux personnes qu'ils côtoient.

Archange référent: **Raphaël**

La maison des Principautés

C'est un chœur d'altruistes et de personnes qui ont une mission globale, humanitaire. Ils œuvrent pour la paix, l'ordre sur Terre. Ils sont charismatiques, aident beaucoup les autres, la famille est essentielle pour eux. Ces personnes possèdent une intelligence affirmée, car ils ne jugent pas, éprouvent rarement de la colère. Ils restent très protecteurs, bienveillants pour leurs proches. Le bénévolat, les causes humanitaires les attirent, ils sont assez intuitifs et surtout très compatissants envers autrui. Leurs passions passent par l'apprentissage et les recherches.

Archange référent: **Haniel**

La maison des archanges

Ils ont 6 chœurs à franchir avant d'être chez les Séraphins. Excellents orateurs, très précis, méticuleux. Ce sont des formateurs, pompiers, policiers, car ils aiment l'ordre, la méthode et la justesse. Le profond sens du devoir accompli leur permet de se réaliser dans la vie. Ils ressentent une hypersensibilité vis-à-vis de la souffrance à autrui. Mission de justice, d'humanité, très perfectionniste, aimant prendre le temps pour accomplir leurs actions. Personnes fiables, droites avec une personnalité discrète.

Archange référent **: Mickaël**

Les anges

Niveau 9, ils ont 7 chœurs à franchir, hormis les Trônes. Ce sont des personnes pacifiques, de vrais gentils, remplis d'empathie envers les autres. Leur mission est l'altruisme, l'accompagnement, l'entraide. Ils trouvent des solutions partout, rien ne leur échappe, ils perçoivent tout. Ce sont aussi des guides, des messagers, surtout de bons protecteurs. Ces personnes deviennent des phares, des êtres lumineux, car on perçoit en eux, la force et l'équilibre. Ils sont médiums de naissance et souvent visionnaires.

Archange référent **: Gabriel**

Tableau des 9 cœurs de l'arbre

Voici, le détail de chaque maison angélique, cela vous aidera à trouver votre mission d'âme, à mieux comprendre votre place dans le cœur de l'arbre Séphirotique. À vous de peaufiner vos capacités en fonction des éclairages donnés par ces descriptions.

Tableau du cœur des Séraphins

Les 8 anges référents

VEHUIAH	du 21 au 25 mars
JELIEL	du 26 au 30 mars
SITAËL	du 31 mars au 4 avril
ELEMIAH	du 5 au 9 avril
MAHASIAH	du 10 au 14 avril
LELAHEL	du 15 au 20 avril
ACHAIAH	du 21 au 25 avril
CAHETEL	du 26 au 30 avril

1/ Le cœur des Séraphins (du 21 mars au 30 avril)

Ordre le plus élevé de la hiérarchie angélique, les Séraphins sont placés au sommet de l'arbre, leurs noms signifient « brûlant ». Ils sont gouvernés par l'archange Métatron le plus gradé des archanges, le plus proche de la Source (voir le tableau des 8 anges du cœur des Séraphins). Il gouverne toutes les forces de la création et entoure le trône du père céleste. C'est lui qui diffuse la lumière divine à l'univers et aux peuples terriens. Le cœur des Séraphins aide à trouver notre plan d'âme et de l'équilibre spirituel à notre vie.

Dès lors que votre âme a suffisamment évoluée, puis expérimentée les épreuves du karma, vous avez atteint le niveau 9 de l'arbre Séphirotique, donc vous avez réglé vos dettes karmiques et libérées vos blessures d'âme. Vous pouvez monter dans le plus haut niveau de conscience suprême de l'être divin. La réincarnation n'est plus nécessaire pour vous réaliser pleinement, si tel est votre souhait, vous pouvez devenir un guide de lumière et accompagner des êtres humains pour alléger leur chemin d'éveil.

Les Séraphins sont en relation directe avec l'énergie divine de la Source, ils sont chargés du feu divin et de ses manifestations universelles, comme la purification, l'illumination, la libération des ténèbres. Ils sont porteurs de la lumière céleste qui purifie l'âme et le cœur de chacun de nous. Ils aident ceux qui le demandent pour trouver leur voie et le sens profond de leur existence. Ils apprennent les lois cosmiques et les connaissances universelles. Ce sont des sages et des enseignants spirituels.

Tableau des Chérubins

Les 8 anges référents

HAZIEL	du 1er au 5 mai
ALADIAH	du 6 au 10 mai
LAUVIAH	du 11 au 15 mai
HAHAIAH	du 16 au 20 mai
YEZALEL	du 21 au 25 mai
MEBAHEL	du 26 au 31 mai
HARIEL	du 1er au 5 juin
HEKAMIAH	du 6 au 10 juin

2/ Le chœur des Chérubins (du 1er mai au 10 juin)

Les âmes de ce chœur portent beaucoup d'expériences karmiques en elle. Leur mission comporte 4 étapes importantes avant de pouvoir monter chez les Séraphins. La première consiste pour les Chérubins à préserver le savoir divin, elles ont à cœur de préserver la connaissance universelle et transmettre la sagesse de la Source, aux autres âmes.

L'image que l'on a d'eux ressemble à des petits enfants joufflus et rieurs, car ils ont gardé leur âme d'enfant et aiment beaucoup faire la fête. Les âmes qui séjournent dans ce chœur paraissent très puissantes. La deuxième mission de ce chœur est d'aider, de réparer les blessures des âmes qui séjournent dans le cœur des Trônes. Ces 2 chœurs paraissent complices et complémentaires, même si l'entente peut sembler difficile, ils sont fusionnels, mais des tempêtes surgissent souvent entre eux. La troisième mission contient la guérison des maladies mentales et psychiques. La quatrième étape leur demande de prendre soin des animaux et de la planète, d'assister les scientifiques, les éveilleurs quantiques, de résoudre les problèmes liés à l'écologie. Les Chérubins aiment s'amuser, rire et sont très libres d'esprits. Ils inspirent les écrivains, les personnes qui créent pour les enfants.

Tableau des Trônes

Les 8 anges référents

LAUVIAH	du 11 au 15 juin
CALIEL	du 16 au 21 juin
LEUVIAH	du 22 au 26 juin
PAHALIAH	du 27 au 1er juillet
NELCHAËL	du 2 au 6 juillet
YEIAYEL	du 7 au 11 juillet
MELAHEL	du 12 au 16 juillet
HAHEUIAH	du 17 au 22 juillet

3/ Le chœur des Trônes (du 11 juin au 22 juillet)

Le plus important, le plus complexe de l'arbre Séphirotique. L'âme avait terminé son évolution karmique, mais elle a choisi de revenir dans ce chœur, soit pour purifier une blessure non assimilée, soit pour apprendre et devenir un bon guide de lumière. Ce chœur contient à lui tout seul, les 9 étapes de l'arbre, car ces âmes n'ont pas bien finalisé leurs missions humaines. La Source leur demande de passer comme un oral de rattrapage et de prouver qu'elles sont aptes à ascensionner.

Ces âmes sont très anciennes, avec beaucoup de vies antérieures difficiles, mais riches d'enseignements, surtout. Ils possèdent la capacité d'explorer les annales akashiques, ils deviennent souvent de bons thérapeutes et des médiums aussi. Une vie dans le chœur des trônes équivaut aux 9 étapes de l'arbre. Les âmes présentes dans ce niveau doivent souvent épurer un karma sombre et lourd. Ce sont parfois des tempéraments dépressifs voire suicidaires qui peuvent être attirés vers des addictions.

En général, s'ils comprennent très bien, l'enseignement des guides, leurs karmas se bonifient peu à peu et ils peuvent évoluer dans la lumière. La spiritualité les attire et ils peuvent même transmettre en tant qu'enseignants. Les trônes ont souvent pratiqué la magie noire, ceux qui veulent purifier leur passé passent par ce chœur.

Tableau des Dominations

Les 8 anges référents

NITH-HAIAH	du 23 au 27 juillet
HAAIAH	du 28 juillet au 1er août
YERATHEL	du 2 au 6 août
SEHEIAH	du 7 au 12 août
REIYEL	du 13 au 17 août
OMAËL	du 18 au 22 août
LECABEL	du 23 au 28 août
VASARIAH	du 29 au 2 septembre

4/ Le cœur des Dominations (du 23 juillet au 2 septembre)

Le cœur des Dominations est aussi très puissant, à sa manière. Il œuvre pour l'ascension de l'âme, par la spiritualité, il aide les humains à avoir la foi, à travailler sur la mission Divine. Le but des Dominations ne s'accorde pas avec tout ce qui est matériel, argent, travail. Sa mission consiste à vous ouvrir les portes de votre destinée, à découvrir vos dons, vos capacités afin de réaliser votre karma.

Ces âmes sont très lumineuses et aiment montrer le chemin aux autres, ils possèdent un fort caractère, dans leur vocation terrestre, ce sont des enseignants, des libres penseurs. Ils apportent la paix, l'amour et la compassion sur terre. Les Dominations sont aussi les dirigeants de tous les anges, qui appartiennent aux chœurs des Puissances, des Vertus, des Principautés, des archanges et des anges.

Tableau des Puissances

Les 8 anges référents

YEHUIAH	du 3 au 7 septembre
LEHAHIAH	du 8 au 12 septembre
CHAVAKHIAH	du 13 au 17 septembre
MENADEL	du 18 au 23 septembre
ANIEL	du 24 au 28 septembre
HAAMIAH	du 29 septembre au 3 octobre
REHAËL	du 4 au 8 octobre
IEIAZEL	du 9 au 13 octobre

5/ Le Chœur des Puissances (du 3 septembre au 13 octobre)

Ce chœur représente l'étape décisive pour purifier ses fautes, expier ses erreurs humaines et karmiques. Comme un endroit où l'on doit faire le bilan et se pardonner ses erreurs, ses crimes. Les Puissances symbolisent la justice divine, la paix retrouvée, la libération de tous les karmas négatifs. Vous pouvez demander de l'aide pour les leçons de vie non intégrées, assistance pour retrouver la lumière. Les anges de ce chœur sont très lumineux et bienveillants et compréhensifs.

Ils vous donneront toutes les clés pour ascensionner et libérer le passé douloureux. C'est le chœur de la force, du courage et de l'amour divin. Vous trouverez toute l'assistance pour votre travail terrestre, votre vocation, tout ce qui permet de se réaliser et d'évoluer. L'inspiration pour les créatifs, la foi pour les croyants et la pureté de l'enfant font partie de ce chœur.

Tableau des Vertus

Les 8 anges référents

HAHAHEL	du 14 au 18 octobre
MIKHAËL	du 19 au 23 octobre
VEULIAH	du 24 au 28 octobre
YELAHIAH	du 29 au 2 novembre
SEALIAH	du 3 au 7 novembre
ARIEL	du 8 au 12 novembre
ASALIAH	du 13 au 17 novembre
MIHAËL	du 18 au 22 novembre

6/ le chœur des Vertus (du 14 octobre au 22 novembre)

Ce chœur est très spécial pour les humains. Il offre les possibilités à l'homme de demander des miracles, des cadeaux divins, de réaliser ses rêves. Les Vertus apportent tout l'amour et la confiance dont nous avons besoin. Les enfants de ce chœur paraissent très fragiles au niveau de la santé physique et émotionnelle. Ils doivent être souvent entourés d'affection et de réconfort.

La mission de ce chœur est d'initier l'humain vers la spiritualité et la confiance. Cette étape semble capitale pour progresser dans l'arbre Séphirotique, comme une classe initiatique afin d'acquérir de l'expérience et de l'estime de soi. Ce chœur protège et prend soin de tous les thérapeutes, les guérisseurs, des médiums afin de les accompagner au mieux dans leur mission d'aide aux autres. Les chercheurs, les professeurs, les éveilleurs de conscience apprennent tout leur savoir dans ce 6e niveau.

Tableau des Principautés

Les 8 anges référents

VEHUEL	du 23 au 27 novembre
DANIEL	du 28 novembre au 2 décembre
HAHASIAH	du 3 au 7 décembre
IMAMIAH	du 8 au 12 décembre
NANAËL	du 13 au 16 décembre
NITHAËL	du 17 au 21 décembre
MEBAHIAH	du 22 au 26 décembre
POYEL	du 27 au 31 décembre

7/ Le cœur des Principautés (du 23 novembre au 31 décembre)

Les anges, les archanges et les Principautés font partie des 3 cœurs qui semblent le plus exposés en théorie à l'ombre, aux âmes errantes du bas astral. Heureusement pour ces belles âmes, la Source les a dotés d'anges extrêmement puissants. C'est le chœur du donner et du recevoir, du partage, de l'échange. Les âmes qui sont dans ce niveau sont souvent jeunes et inexpérimentées, elles cherchent à acquérir de l'expérience karmique. Ce chœur enseigne l'amour pur et inconditionnel.

La mission principale de ce niveau est de transmettre la solidarité et la joie de vivre à ces âmes. Nous visitons ce chœur pour nous estimer et avoir plus de confiance en nous et envers autrui. Les qualités du cœur qui prédominent sont les soins, le social, l'entraide, l'altruisme...

La joie, l'harmonie, telle est la vibration de ce chœur des Principautés. Ils aiment donner, partager, mais, aussi recevoir, ils se battent pour la paix mondiale, s'investissent souvent dans les grandes causes, l'humanitaire, les associations caritatives, le secourisme, les pompiers, le bénévolat.

Tableau des archanges

Les 8 anges référents

NEMAMIAH	du 1er au 5 janvier
YEIALEL	du 6 au 10 janvier
HAHAHEL	du 11 au 15 janvier
MITZRAËL	du 16 au 20 janvier
UMABEL	du 21 au 25 janvier
IAH-HEL	du 26 au 30 janvier
ANAUËL	du 31 janvier au 4 février
MEHIEL	du 5 au 9 février

8/ Le chœur des archanges (du 1er janvier au 9 février)

La première mission de ce chœur est de veiller sur tous les anges, sur l'accomplissement de leurs tâches envers les hommes. Ce chœur est très attaché à veiller sur la planète et les peuples. Les archanges relient les anges, les humains et la Source divine. Les capacités de ce niveau sont la sagesse, la droiture, le courage et la force. La Source a créé en premier les archanges puis les anges. L'archange Mickaël est leur chef céleste, car il représente la justesse, la puissance avec son épée bleue. Ce chœur symbolise toute la puissance des forces angéliques, les capacités de clairvoyance, de clairaudience, de clair ressenti. La protection et le nettoyage des basses énergies semblent être un des atouts précieux de ce niveau vibratoire. Chaque âme qui passe dans ce chœur détient une énergie de lumière propre à ses fonctions et elles sont toutes bienveillantes et adaptées à leur mission terrestre.

Tableau des anges

Les 8 anges référents

DAMABIAH	du 10 au 14 février
MANAKEL	du 15 au 19 février
EYAËL	du 20 au 24 février
HABUHIAH	du 25 au 29 février
ROCHEL	du 1er au 5 mars
JABAMIAH	du 6 au 10 mars
HAIAIEL	du 11 au 15 mars
MUMIAH	du 16 au 20 mars

9/ Le chœur des anges (du 10 février au 20 mars)

Ce premier chœur des anges pour l'homme représente le dernier pour l'arbre Séphirotique. Il est très important, car il symbolise le début et la fin de l'incarnation. Personne ne peut aller vers les plans de lumière sans avoir parcouru et travailler ces 9 ou 8 chœurs de l'arbre. C'est le parcours initiatique de l'âme pour libérer son karma et comprendre le dharma. Les anges qui ont des âmes plus anciennes, plus expérimentées, sont ceux qui détiennent une grande sagesse. Ce chœur est rempli d'amour, de gentillesse et de connaissances infinies. La communication avec les défunts se fait par ce plan, car il est le plus proche des humains et des morts. La vocation première de ce niveau est d'aider à l'éveil de la spiritualité de l'âme et de lui permettre de se purifier. Ce chœur permet à l'âme de s'intégrer et de repartir du corps humain lorsque cela semble possible et en accord avec la Source. Le chœur des anges est la fréquence céleste qui nous relit aux plans supérieurs.

« Toute expérience représente un succès. »
Louise Hay

« La vie commence au centre même de ton cœur,
c'est l'endroit le plus beau au monde »
Rûmi

Chapitre X

Les archanges

Description

Dans ce livre qui est consacré à nos beaux êtres de lumières, je vais vous permettre de mieux les connaître, de vous sentir en famille en leur compagnie. Vous pourrez communiquer et recevoir des messages de vos protecteurs divins. Personne ne sait exactement le nombre des anges et des archanges, mais je vais vous présenter les principaux, et d'autres moins connus, mais tout aussi précieux. Le mot archange désigne « un messager divin », l'arc symbolise l'auréole qui l'entoure, sa fonction, son grade hiérarchique sont très élevés. Ils détiennent des capacités supérieures et plus vastes que celles attribuées aux anges gardiens, comme celles de protéger et de garder l'humanité. Je vous parlerai également de ces 2 archanges emblématiques qui m'accompagnent au cours de mes soins karmiques et énergétiques, Métatron et Sandalphon. Les frères jumeaux, qui ont été les 2 seuls archanges à avoir connu l'incarnation terrestre avec un autre personnage puissant moins connu, mais très symbolique, Melchisédech un enseignant spirituel de très haut niveau.

Chacune de ces énergies célestes détient une spécificité bien précise, selon sa vibration, son faisceau de lumière et l'ordre hiérarchique. On les nomme les êtres de lumière, car leurs auras émettent une couleur particulière, le bleu roi est l'émanation principale des archanges, mais chacun d'entre eux possède son propre rayon sacré, qui cible un domaine distinctif. Certains thérapeutes, ou praticiens, dont je fais partie, travaillent avec les 12 rayons sacrés qui émanent directement des vibrations de l'aura des archanges.

L'angéologie parle de l'étude des anges, des archanges du rôle de chacun d'eux. Le but de cet enseignement divin, qui ne parle pas de religion ni de dogmes, est de permettre à la lumière de jaillir dans chaque cœur humain /divin, pour enfin s'ouvrir à l'amour universel et inconditionnel de la Source, accompagnée de ces messagers célestes.

Les archanges sont plus grands (autour de 3 mètres), plus robustes que les anges, leurs statures et leurs envergures symbolisent leurs forces et leurs énergies. Si vous rencontrez un jour ces émanations merveilleuses, ce que je vous souhaite, vous serez lié à jamais par cette belle rencontre. Lorsque j'ai vu la première fois Mickaël, son image semblait si nette, si pure que je me sentais illuminée par tant de bonté et d'amour. C'est une entité illustre et magnifique, toujours placée à droite, du côté du masculin sacré, son regard semble tout connaître de nous, lire dans notre âme, avec tendresse sans aucun jugement.

Ils font partie intégrante de l'arbre Séphirotique, en occupant une place plus importante que les anges au sein de l'ordre céleste. Les différents textes consacrés aux archanges estiment à 15 le nombre de ceux-ci, mais d'autres pensent qu'il y en a beaucoup plus. Les 7 qui demeurent les plus connus sont Mickaël, Gabriel, Raphaël, Jophiel, Uriel, Chamuel, Zadkiel.

« Que l'archange en mon cœur divin me guide
vers la paix de mon âme, pour l'éternité. »

Leurs fonctions et vertus

La force vibratoire de ces êtres magnifiques peut irradier sur toute l'humanité, ils remplissent des missions de grande envergure, prennent des décisions mondiales avec l'assentiment du divin. Leurs influences sont si discrètes, qu'ils évitent souvent des catastrophes pour l'humanité sans que nous le sachions.

L'intervention angélique et archangélique nous sert de passerelle énergétique et nous invite à éviter les écueils de la vie en conscience, nous ne sommes jamais seuls, ils nous accompagnent, ils nous aiment infiniment, en nous protégeant souvent de notre pire ennemi, nous-mêmes !

Ils soutiennent les peuples, les animaux, les sites sacrés, les justes causes et l'ordre divin. Ces entités énergétiques ne connaissent pas le jugement, ils veillent à ce que règne la paix sur terre sans s'immiscer dans notre mission d'âme sur Gaïa, car celle-ci doit se réaliser à des fins d'évolution planétaire. Leur pouvoir d'intervention est bien plus puissant que celui des anges, leurs actions comportent plus de précisions et présentent plus d'efficacités sur le long terme. La mission fondamentale qu'ils portent en eux, c'est d'enseigner l'amour véritable aux peuples, la possibilité de faire briller notre étincelle d'âme afin d'atteindre le divin qui sommeille en nous. Au sein de la hiérarchie archangélique, le chef des armées angélique se nomme Mickaël ou Saint-Michel, dans l'iconographie des artistes, il représente le beau chevalier protecteur avec son épée qui tranche les liens négatifs. Ces êtres de lumières ne demandent qu'à nous secourir en cas de danger, nous avons tous au moins un archange qui nous accompagne tout au long de notre parcours karmique.

Nombre d'entre eux sont associés à des symboles, comme des instruments de musique, les objets emblématiques, des dessins de géométrie sacrée, mais surtout ils diffusent un rayon de couleur spécifique. Si vous avez déjà entendu parler des 12 voir des 13 rayons sacrés, cela signifie que chaque couleur détient une énergie toute particulière qui est directement reliée à la fonction suprême de l'archange.

Nous ne sommes jamais seuls ni abandonnés, rien ne s'arrête vraiment, tout continue éternellement. Parfois, nous avons besoin de faire le point pour notre chemin de vie, les archanges nous envoient des signaux, des avertissements, mais nous ne les entendons pas toujours. Dès lors que nous nous égarons, ils envoient des messages et parfois cela s'appelle la maladie, une dépression, un burn-out, une séparation, un schéma répétitif, cela peut sembler très douloureux, il faut toujours garder espoir dans notre destin. Je sais qu'ils nous protègent et nous évite souvent le pire.

Ce chapitre va vous permettre de faire connaissance avec les principaux archanges des 7 rayons sacrés, mais aussi de mieux les découvrir. Si vous désirez les invoquer pour une demande particulière, ou simplement établir un contact énergétique avec eux, j'espère que cette partie de mon récit va vous enchanter, mais surtout vous apporter des réponses pour adoucir votre existence, sur cette belle planète Urancia/Gaïa.

La hiérarchie archangélique se représente à partir de celui qui est le plus proche de la Source, l'archange Métatron.

Description des 7 principaux archanges

Métatron (celui à côté de Dieu)

En premier, voici Métatron qui est placé tout en haut de l'arbre Séphirotique, qui gère les Séraphins, il est détenteur du rayon blanc/or, celui de la pureté et de la protection ultime. L'archange le plus proche du divin a un frère jumeau Sandalphon, qui lui s'occupe de notre incarnation, de notre ancrage auprès de Gaïa. Ces deux êtres célestes sont les seuls à avoir expérimenté des vies humaines. Il nous aide à connaître la valeur de toutes nos actions, ses conseils, ses inspirations sont emprunts de sagesse et de vertus. Son puissant rayon de lumière blanc dorée évoque l'illumination, l'harmonie des mondes parallèles et aussi la protection des justes.

Il fut connu sous le nom d'Enoch, on le surnomme « le chancelier du ciel » ou « le roi des anges ». Métatron porte la charge d'être le grand architecte de l'univers, le prêtre du temple sacré du ciel, car il géométrisa les plans de conscience afin de nous autoriser à les emprunter. C'est l'archange le plus éloigné de l'humain et le plus proche du divin. Se situant au sommet de l'arbre Séphirotique, il en est le créateur, le maître de l'air. Étymologiquement, son nom signifie « guide », c'est le recteur des archanges. Il créa l'univers avec le divin, toute sa puissance est contenue dans son rayon blanc/doré et le cube de géométrie sacré.

À mes yeux, il n'y a pas plus protecteur avec la Source que la vibration de cet archange, sa manifestation auprès de nous, me semble assez rare, mais si vous l'invoquez, il enverra sa force ou l'énergie dont vous avez besoin. Les Vertus de Métatron sont multiples et variées, étant principalement un guide spirituel, il va vous aider à ouvrir le 6e et le 7e chakra, pour affiner vos capacités d'élévation vibratoires afin d'acquérir des diverses connaissances, telles que la clairvoyance, la canalisation médiumnique, la communication angélique, l'activation de la triple flamme, la lecture d'âmes, l'accès des annales akashiques...

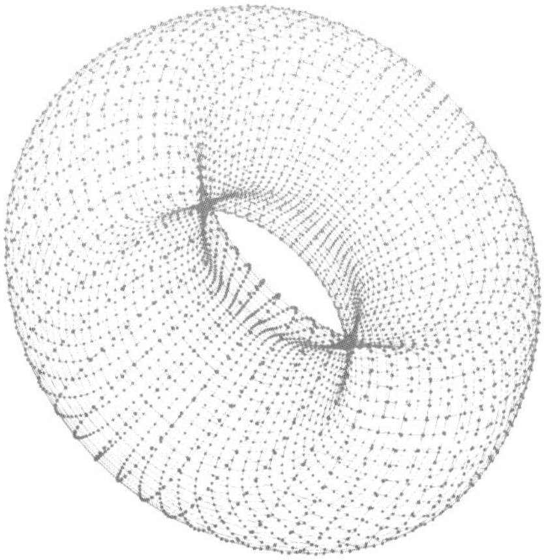

Le Tore

Pour tous les soins, sachez qu'il est le régent des 3 chakras spirituels, comme le 3e œil, le coronal, l'étoile de l'âme, jusqu'aux plans divins, cette fonction va permettre l'ouverture et l'activation de ces centres d'énergie majeurs. Métatron accompagné de son jumeau Sandalphon va représenter le Tore (Torus), qui d'un point de vue géométrique, ressemble à un tube arrondi, en forme de donuts, qui relie les énergies cosmotelluriques (ciel et terre). Ce grand sage peut lire dans notre âme, afin de nous comprendre, il connaît nos pensées, nos ambitions personnelles. Du fait de ses nombreuses expériences d'incarnations et son savoir des aspirations karmiques et des actes humains, il peut nous guider au mieux pour notre développement personnel. Sa puissance angélique, nous relie à toutes nos parts divines, c'est l'enseignant majeur pour notre éveil et notre éducation spirituelle.

Les passeurs d'âmes font largement appel à cette vibration pour mettre en place le tube de lumière et faciliter le passage des âmes vers l'au-delà. Je me permets de le solliciter également, pour les nettoyages des lieux et des personnes, si je sens qu'il faut une fréquence particulière pour le cas que je traite. Pour invoquer ce bel archange, je vous conseille, de bien vous centrer dans votre chakra cœur, en respirant profondément, lire un décret à voix haute, regardez le sceau de Métatron et placez-vous au centre de celui-ci.

Laissez faire l'énergie puissante de la géométrie sacrée.

Décret d'invocation à Métatron

« À partir de maintenant,
je demande humblement à l'archange Métatron,
que s'inscrive à l'intérieur de mon être,
Les connexions sacrées et divines,
que je suis capable de recevoir
Je demande un parfait alignement
de tous mes centres énergétiques et subtils
Ainsi que de mon aura
J'accueille aujourd'hui, avec bienveillance
toutes ces ouvertures de conscience
Pour mon bien et celui de l'univers »

Grâce infinie

Sandalphon (le frère jumeau)

C'est l'ange-prince de la densité réelle, l'ancrage aux énergies telluriques, on raconte que son pouvoir s'étend de la terre au ciel. Il nous aide pour accepter notre incarnation, nos peurs, nos difficultés liées à l'existence. Les chamans, les druides et les élémentaux sont dirigés par cet archange puissant et généreux. Il représente la vie, la nourriture vivante, la nature, les végétaux, la planète, les 4 éléments, le feu, l'eau, la terre et l'air, nos racines originelles. Son pouvoir concerne plus nos actions et notre réalité, mais associé à son frère jumeau, Métatron, en soin on peut réaliser l'alignement et l'ajustement de l'aura.

Les énergies de Sandalphon paraissent à la fois masculines et féminines, sa couleur est un rouge orangé, il aime accompagner les artistes, les musiciens, les chanteurs, à développer leurs talents et surtout à ne plus être « perchés ». Il incarne la stabilité et la confiance en soi.

Sa vocation consiste à susciter, chez tous les humains, une capacité de raisonnement, une prise de conscience et à acter nos projets de vie dans le concret. Tous les archanges œuvrent de concert, pour nous permettre de débloquer nos peurs et libérer nos blessures d'âme. L'amour bienveillant de Sandalphon peut rapidement vous épauler pour vous sentir légitime et à trouver votre place dans ce monde réel.

Tous les décrets que vous lui enverrez seront entendus, il vous montrera toutes les possibilités, les occasions qui sont judicieuses pour votre mission, ensuite il faudra concrétiser vos rêves, par vos actes. Sa foi nous donne envie d'explorer de nouvelles opportunités, il aide à vaincre les tourments, les lourdeurs qui encombrent nos existences sur Gaïa. Car il nous fait travailler grâce à son amour avec la vitalité des élémentaux, des plantes, des minéraux. Vous pouvez demander beaucoup d'abondance, de santé, d'amour, de réussite, d'argent à ce merveilleux et généreux archange.

Sandalphon est relié divinement en permanence à son jumeau et à la Source. En travail énergétique, vous avez l'ancrage, la connexion avec les racines de la terre. Il aide à lâcher les parasites astraux, les charges émotionnelles, les mémoires du transgénérationnel aussi.

Le chakra racine est associé à l'équilibre et l'acceptation de notre incarnation. Son énergie de guérison archangélique cible les allergies, les problèmes liés aux organes génitaux, les phobies, la fatigue. Vous pouvez collaborer avec l'archange Raphaël pour une demande de soin spécifique. Afin de guérir la planète des pollutions, des incidents climatiques, faites appel à son pouvoir de régénérer la vie terrestre. Si vous avez besoin d'aide, pour votre profession, un stage, une recherche d'emploi, un nouvel objectif, Sandalphon vous apporte le soutien nécessaire pour accomplir vos projets dans la matière, en demandant un accompagnement avec l'archange Uriel, qui s'occupe de la mission de l'âme, cela devient encore plus bénéfique pour vous.

Décret avec Sandalphon

« J'appelle humblement l'archange Sandalphon
Afin de me réaliser pleinement dans cette vie
Je m'ancre aux énergies telluriques de Gaïa
Que celles-ci me nourrissent au plus profond de mes cellules
Je prends confiance en moi, car je suis légitime sur cette terre
Que ceci se réalise aujourd'hui et maintenant »

Grâce infinie

Mickaël (celui qui est comme Dieu)

C'est le plus connu, le plus populaire de tous les archanges, peut-être le plus aimé aussi, bon nombre d'entre nous font appel à ses capacités de chevalier libérateur des égrégores et des problèmes liés à notre existence. Il rassemble cette puissante énergie avec son rayon bleu et son épée de lumière argentée. Son action au service de la Source, diffuse les recommandations à tous les autres êtres de lumière, archanges, anges. C'est le plus puissant archange après Métatron et Sandalphon, c'est le chef des milices célestes.

Dans l'iconographie, sa représentation est celle d'un être de plus de 2 mètres, beau, doté d'une armure gris bleuté, tenant un glaive pour terrasser le dragon et les forces du mal. C'est le protecteur des policiers, des opprimés, des exclus, car il sait couper les liens toxiques et énergivores. Sa mission consiste à éliminer toutes les puissances négatives qui nous empêchent d'avancer vers les plans célestes. Lorsqu'il apparaît, on voit une émanation bleue/acier, très intense. Il se montre toujours à votre droite, à côté du cœur spirituel.

Il est relié au chakra gorge, qui représente l'expression, à la communication, l'intuition et il nous accompagne pour ouvrir le chemin de notre mission spirituelle. Nous pouvons faire appel à ses services aussi pour une panne de courant, d'ordinateur, de plomberie, car il sait résoudre tous les problèmes mécaniques et matériels. Son action première, selon mon expérience en soin, est d'éviter les injustices, les litiges juridiques, les inégalités, il tranche les conflits personnels et professionnels, son énergie d'acier libère les limitations de notre pouvoir créateur et nous redonne confiance.

Si vous sentez un danger quelque qu'il soit, sa protection vous sera accordée, si vous sollicitez sa grande bonté, il exaucera vos requêtes. Ses atouts principaux sont le courage, la motivation, l'affirmation de soi, la protection, l'équité, la justice et la justesse dans les démarches de la vie. Demandez-lui des conseils, pour clarifier vos idées, pour vous exprimer positivement, et orienter vos choix avec discernement.

Mais surtout réclamez-lui de vous libérer des pensées négatives et discursives. Il peut vous accompagner dans votre mission d'enseignant, de thérapeute, de leader, pour aider les autres personnes de votre entourage. Son action s'exerce aussi avec les passeurs d'âmes, les chamanes et ceux qui nettoient le bas astral, les entités négatives. Mickaël représente le guerrier, le chevalier courageux, celui qui assiste les artisans de lumière, les compagnons de la paix divine sur tous les plans vibratoires.

Décret d'invocation à Mickaël

« Je demande à l'archange Mickaël, protection et assistance
Dans toutes les étapes de ma vie
Qu'il tranche tous les liens toxiques et nœuds karmiques
Qui m'empêche de me réaliser pleinement
Que ceci se réalise aujourd'hui et maintenant
Pour mon bien et celui de l'univers ».

Gratitude

Jophiel (beauté de Dieu)

Cet archange détient le rayon or et rose, il émane de lui une sensibilité du féminin sacré, il est reconnu pour être le guide des artistes, des créateurs. Son soutien devient précieux pour équilibrer les plans physiques, mentaux et spirituels. Il élimine les basses énergies, les égrégores toxiques du bas astral et du mental inférieur. Premièrement, il va nous aider à libérer les charges perturbantes de l'ego, les cristallisations cellulaires de tous nos corps. Tout ce nettoyage s'effectue, dans le but d'élargir nos capacités de découverte, de confiance en nous. Il nous incite à reprendre le contrôle de nos vies, afin de ne plus nous laisser influencer par notre ego et les règles contraignantes de la société. Cette entité puissante envoie une force qui peut nous permettre de dégager les masses sombres, les nœuds karmiques persistants, les âmes errantes, qui nous parasitent.

On invoque Jophiel en soin, pour le chakra du plexus solaire, l'endroit où se situe le plus souvent la blessure d'injustice, le manque de légitimité, le stress. Les passeurs d'âmes travaillent régulièrement avec lui. En nettoyant le 3e chakra on purifie l'indigeste. Le rayon or signifie que la lumière céleste vit en nous, et qu'il nous suffit d'activer ce centre stratégique, pour enfin rayonner complètement.

Si vous traversez une épreuve compliquée, que vous n'arrivez plus à prendre de décisions, invoquer l'assistance de cet archange, il éliminera vos inquiétudes, vos peurs et fera place nette dans votre mental.

Jophiel sait harmoniser agréablement un lieu de vie ou de travail, on fait appel à ses compétences en Feng-shui, il a pour mission d'embellir tous les aspects de notre existence et de résoudre les difficultés graves dans notre incarnation. Si vous souffrez de crises d'angoisses, de cauchemars, de gastrites, d'ulcère de l'estomac, de problèmes de foie, de pancréas, de rate, de vésicule biliaire, c'est sûrement que vous n'avez pas bien digéré certaines situations ou des conflits familiaux et par conséquent que vous ressassez sans cesse des événements du passé.

Il faut demander l'autoguérison à Jophiel avec le concours de Raphaël et son rayon vert.

Décret d'invocation à Jophiel

« Je demande humblement à l'archange Jophiel
De dissoudre toutes les empreintes
liées à ces égrégores négatifs,
ces nœuds karmiques, qui n'ont plus leur place
dans ma vie actuelle
J'accepte de lâcher ces vielles mémoires
et ces pensées limitantes
Que ceci se réalise aujourd'hui et maintenant
Pour mon bien et celui de mes proches »

Grâce infinie

Raphaël (Dieu guérit)

Ce merveilleux archange à une place de choix dans le cœur des guérisseurs, des guerriers de lumière. Il symbolise la santé et l'espoir, la vitalité, de plus il nous protège et nous guide pendant les soins de toutes natures. C'est le chef des anges gardiens. Sa fête liturgique date du XIIe siècle, on la célèbre le 24 octobre.

C'est un être de lumière, un des 7 archanges qui représente les piliers de la création, sa fonction principale vise la vitalité du corps, de l'âme et de l'esprit. Il agit sur la transformation dans le sens de l'évolution de l'être profond.

C'est l'ultime guérisseur du souffle de la vie, de quelques espèces qu'elle soit, humaine, animale, végétale ou minérale. Son rayon vert est associé à toutes les entreprises qui travaillent dans le médical. Son action s'étend également à la planète et à l'écologie. En invoquant cet archange, vous sentez rapidement une amélioration de votre état physique, émotionnel et spirituel. Raphaël soulage les allergies, la dépression et les maladies psychosomatiques, mais aussi respiratoires, puisque le chakra cœur est relié à l'air. Il aide à conserver un bon taux vibratoire, pour l'évolution de l'être divin que nous sommes tous.

En pratiquant avec lui, vous serez enseignés par son expertise, ses instructions en douceur. Pendant les soins, il guide les mains des magnétiseurs pour les inciter à œuvrer sur les zones faibles en taux énergétique ou malades. On peut l'invoquer lorsque l'on doit subir une opération ou un traitement médical pour guérir plus rapidement. Le rayon vert de Raphaël est associé à la vie sur Terre, en travaillant avec Chamuel le rayon rose, celui de l'amour universel et inconditionnel, vous pourrez ouvrir votre chemin de l'éveil et celui de la planète.

Le rayon vert apaise, soulage et réconforte les chagrins, les deuils, les séparations, toutes les blessures du cœur. Son emblème est celui du bâton du pèlerin, voire le caducée d'hermès, avec les 2 serpents qui symbolisent le yin (féminin) et le yang (masculin) en référence à la montée de la Kundalini vibratoire le long de la colonne vertébrale. Enfin, il aide à trouver le chemin spirituel de la vie terrestre par la voie du cœur. Raphaël tient dans sa main, un bol qui contient un baume de guérison qui sert à apaiser, à adoucir nos souffrances, nos chagrins.

Raphaël représente la connaissance, la recherche, la science, il apporte les opportunités, l'abondance, la chance de pouvoir vivre pleinement heureux notre passage sur Terre. Vous pouvez travailler avec cet archange pour guérir la Terre, la planète et l'humanité. Les blessures de l'âme sont rapidement nettoyées avec lui, notamment la blessure d'abandon et celle du rejet. La couleur verte symbolise la nature, les plantes, le vivant, mais aussi l'espérance de la vie.

Cet archange initie les consciences à franchir plus facilement les étapes karmiques pour élargir les capacités spirituelles. Si on l'associe à Mickaël, le travail de libération de l'âme sera plus efficace, les mémoires toxiques du passé seront épurées. En soin, on demande le nettoyage du corps éthérique, afin de laisser partir ce qui vous pèse sans rien analyser, soyez dans l'acceptation pour dissoudre les pollutions. Raphaël nous permet de passer des caps délicats en douceur. Si vous êtes dans les soins de lumière, réclamez-lui d'alléger votre chemin de thérapeute dans la bienveillance.

Raphaël détient le titre de protecteur des voyageurs, il préserve vos déplacements, ceux de vos proches, pour que la route soit exempte d'embouteillages et d'accidents. Visualiser une belle bulle verte autour du véhicule, avant de prendre la route, cela installera une coque de protection magique.

Décret d'invocation à Raphaël

« J'appelle humblement l'archange Raphaël
et son rayon vert émeraude
Afin qu'il apaise toutes mes peines
Qu'il libère mon cœur, mon âme et mon esprit à tout jamais
J'attire l'abondance et la santé,
car l'univers m'aime profondément
Je suis né de la lumière divine et la lumière divine vit en moi
Je guéris toutes mes blessures physiques et émotionnelles
Que ceci se réalise aujourd'hui et maintenant
Pour mon bien et celui de l'univers ».

Grâce infinie

Uriel (Lumière de Dieu)

Cet archange porte le rayon rubis/doré, la lumière rouge symbolise la force, la puissance et l'action dans notre vie. L'or nous donne accès à l'ouverture de conscience par le 3e œil, la montée vibratoire, le lien avec la Source, notre réalisation spirituelle. Uriel nous enseigne l'acceptation de l'incarnation, c'est un mentor, un grand guide, il va superviser notre progression et nous apprendre à passer à l'acte. Son rôle consiste, également à nous éviter les pièges, les accidents, que nous rencontrons sur notre chemin existentiel. Son inspiration nous donne des idées géniales, nous trouvons des solutions rapidement à nos problèmes humains.

En soin, on travaille sur le chakra racine, pour acquérir un bon ancrage, afin de recevoir les bonnes énergies de la terre/mère. En l'associant à l'archange Ariel, vous allez contacter l'essence des élémentaux, des grilles cristallines qui sont reliées au 13e chakra, l'étoile de terre. Cette étoile cuivrée nous raccorde directement à notre histoire transgénérationnelle, là d'où l'on vient.

Uriel va ouvrir les portes de la destinée, les voies de l'âme. Si vous cherchez votre mission karmique, il va vous accompagner en libérant les peurs et les doutes concernant votre illégitimité, votre manque de confiance en vous. Si vous faites appel à lui, vous allez sentir une montée vibratoire dans vos pieds, vos jambes et au niveau du périnée, sa force nous pousse à nous enraciner un peu plus dans la matière vivante. Uriel représente le lien entre l'énergie terre et celle de la Source, comme une boucle d'ondes cosmotelluriques.

Décret d'invocation à Uriel

« J'appelle humblement l'archange Uriel
Afin qu'il me libère des lourdeurs
et des poids karmiques de mon transgénérationnel
Je m'autorise à annuler tous mes serments de fidélité
et mes mémoires de sacrifice
Lié à mes ancêtres, je leur envoie de la lumière
et de l'amour divin,
Je me réjouis de cette libération maintenant
Que ceci se réalise pour mon bien et celui de ma famille »

Gratitude

Zadkiel (droiture de Dieu)

Cet archange diffuse le rayon violet, associé au Maître Saint-Germain qui en est le gardien. À eux deux, ils vont transmuter, le négatif en positif, éliminer durablement les entités, les égrégores du bas astral. Son action salvatrice est comparable à celle de Métatron, au sein de la hiérarchie angélique. La puissance de ces 2 entités supérieures est équivalente, seulement, l'un va nous diriger vers la lumière céleste et l'autre va nous permettre de délivrer des charges qui nous empêchent d'ascensionner vers les plans supérieurs. Zadkiel porte la mission de nettoyage des corps subtils, de nœuds karmiques. Les passeurs d'âme travaillent avec son puissant rayon de transmutation. Il dégage des liens toxiques avec l'appui de Mickaël en libérant les blocages liés aux karmas et aux mémoires ancestrales, ainsi que les égrégores et la magie noire, les larves du bas astral.

Le rayon violet symbolise la force du feu sacré en agissant par la purification des masses sombres. C'est l'archange de la liberté retrouvée, de la bienveillance et du pardon. Il nettoie les blessures, guérit les deuils, apaise les séparations douloureuses. Son action peut soulager les peines, les trahisons, les lourdeurs du passé, les injustices qui vous ont meurtries. Les guerriers de lumière, les passeurs d'âmes connaissent bien la puissance de la flamme violette pour le dégagement des entités du bas astral.

Zadkiel éprouve une immense compassion pour les humains, il aide les cœurs brisés, les âmes perdues. Son rôle comprend le nettoyage, la purification, le soutien indispensable qui égaye notre existence, il apaise les dépressions, nous offre la possibilité de retrouver la voie du bonheur. Étant habilités à épurer les corps énergétiques, les artisans de lumière invoquent quotidiennement son action salvatrice. En libérant le chemin de vie à l'âme qui semble coincée dans des strates inférieures, celle-ci accédera vers de plus belles fréquences. La couleur violette représente également, la spiritualité, la sagesse et l'expansion du chakra couronne. La mission de cet archange, peut être comparée à celle de Métatron au niveau du degré de puissance vibratoire, l'un libère le négatif, l'autre nous élève vers la lumière. Son intervention bienveillante va maintenir l'équilibre du féminin et du masculin sacré, puis harmoniser les 7 couches auriques.

Il active l'ascension en 5e dimension avec la complicité de Métatron.

Exercice pour contacter les archanges

Pratiquez un bon ancrage avec vos chakras terrestres, le racine, le sacré, le Plexus solaire, en visualisant des fils d'or qui partent du centre de vos chakras, puis qui descendent le long de vos jambes.

Imaginez ces 3 fils d'or qui s'enfoncent profondément dans le cœur émeraude de Gaïa et se connectent à la terre/mère.

Ressentez, ensuite, cette énergie tellurique remontée dans votre corps physique, émotionnel, mental vers le spirituel.

Maintenant, posez toute votre intention au centre de votre chakra du cœur karmique, regardez l'ouverture de votre chakra lotus couronne.

Voyez ses pétales blancs et violets qui s'épanouissent et s'étendent au-delà de votre corps physique, accueillez toute cette énergie d'amour et de bien-être en vous, comme un cadeau du ciel.

Demandez à ouvrir tous les canaux de communication archangélique, sollicitez l'énergie de la Source, recevez la grâce divine en accueillant la présence vos êtres de lumière, imprégniez-vous de cette magnifique vibration céleste.

Laissez venir en vous cette puissante connexion, comme une bénédiction personnelle.

Restez le temps qui vous semblera nécessaire et refaites cette initiation plusieurs jours de suite. Remerciez les êtres de sagesse pour leurs bienfaits et leurs présences dans votre vie.

Décret pour la connexion archangélique

« J'appelle humblement la connexion archangélique,
dans mon cœur et mon âme
Je suis prête à recevoir tous les enseignements
et les messages divins
Qui sera bon pour mon évolution spirituelle et personnelle
Je demande une protection permanente
de la Source et de mes guides
Pour toutes mes actions au quotidien
Que ceci se réalise aujourd'hui et maintenant,
Pour mon bien et celui de l'univers ».

Grâce infinie

L'humanité a droit elle aussi à des pauses, cela se traduit par des catastrophes écologiques, des épidémies, ou des confinements. Cela doit nous amener à repositionner nos comportements et à rectifier nos trajectoires du point de vue mondial. Pour tout changement, on doit se libérer du passé qui est toxique et reconstruire un bel avenir pour les hommes et la planète. Les archanges sont liés à notre âme, ils connaissent nos différents karmas, nos pensées, ils nous permettent d'agir à notre guise, car leur rôle de protecteur doit rester discret et non intrusif.

Si cela vous intéresse, je vous invite à réaliser un autel de prière, afin d'honorer vos archanges et les 4 éléments. Laissez cette présentation divine une semaine chez vous, en invitant ces 4 archanges dans votre foyer pour purifier et bénir votre famille ainsi que toutes les personnes qui viennent chez vous.

Secteur EST =	Encens	Raphaël	Élément air
Secteur SUD =	Bougie rouge	Uriel	Élément feu
Secteur OUEST =	Pierre ou sel	Mickaël	Élément terre
Secteur NORD =	Eau ou fleur blanche	Gabriel	Élément eau

Décret pour la purification des lieux

« Je demande aux archanges, Raphaël, Uriel,
Mickaël et Gabriel, de joindre
Leurs efforts et leurs puissances
afin qu'il soit maintenant procédé au
Nettoyage total de ma maison et à la purification complète
des habitants et des visiteurs de ce lieu.
Qu'il en soit ainsi pour notre bien à tous,
Que ceci se réalise aujourd'hui et maintenant »

Grâce infinie

Anecdote personnelle

« À la fin d'un de mes stages sur les soins angéliques, nous ne pouvions plus quitter l'hôtel, car les gilets jaunes se confrontaient aux forces de l'ordre devant l'entrée de notre lieu de formation. Certaines participantes devaient prendre l'autoroute avant la nuit et la situation ne se dénouait pas. Nous étions tous assis autour d'une grande table et, à voix haute, j'ai demandé à Mickaël de libérer la route et le rond-point immédiatement, pour le bien de tous. Quelques minutes après, mon mari nous annonce que par miracle, tous les manifestants et les gendarmes sont partis et que la voie est libre. Gratitude, pour ce bel archange, toutes les personnes présentes ont été soulagées et ont pu rentrer chez elles en toute sécurité. »

Exercice d'ancrage avec les archanges Métatron et Sandalphon

1/ Portez votre intention sur votre chakra racine (entre le sacrum et le périnée).

2/ Visualisez un fil or et argent (l'or représente la lumière céleste et l'argent l'énergie vibratoire) qui descend de votre chakra terre et qui s'enfonce profondément au cœur de Gaïa avec l'aide de Sandalphon.

3/ Faites descendre de vos 2 voûtes plantaires, 2 fils similaires, puis laissez-les s'enfoncer dans la terre, doucement.

4/ Demandez la connexion à la terre/mère, avec le cœur du cristal émeraude.

5/ Procédez de la même façon avec votre chakra sacré, placé sous le nombril et le plexus solaire situé au niveau de l'estomac, laissez les fils dorés/argentés se connecter aux énergies telluriques.

6/ Demandez la connexion aux énergies cosmotelluriques, puis respirez tranquillement, pendant 10 minutes.

7/ Ressentez, maintenant, les vibrations de Gaïa qui remontent dans vos pieds, vos jambes, vos hanches, votre ventre et votre estomac, votre cœur, votre gorge, votre 3e œil et le chakra couronne.

8/ Faites circuler cette énergie de lumière, de bas en haut dans tout votre corps physique, puis de haut en bas, en boucle.

9/ Accueillez cette puissance divine en vous et remerciez Métatron et Sandalphon.

10/ Maintenant, vous pouvez vous centrer dans votre chakra cœur et commencer à vous projeter au centre du cube de Métatron.

Désormais, vous êtes prêt et parfaitement ancré et stable, vous constaterez que les activations des chakras angéliques se réaliseront avec une certaine aisance, vous pourrez accueillir ces montées vibratoires à votre rythme.

Si vous avez un doute, une appréhension, demandez simplement de recevoir ce qui est juste pour vous aujourd'hui.

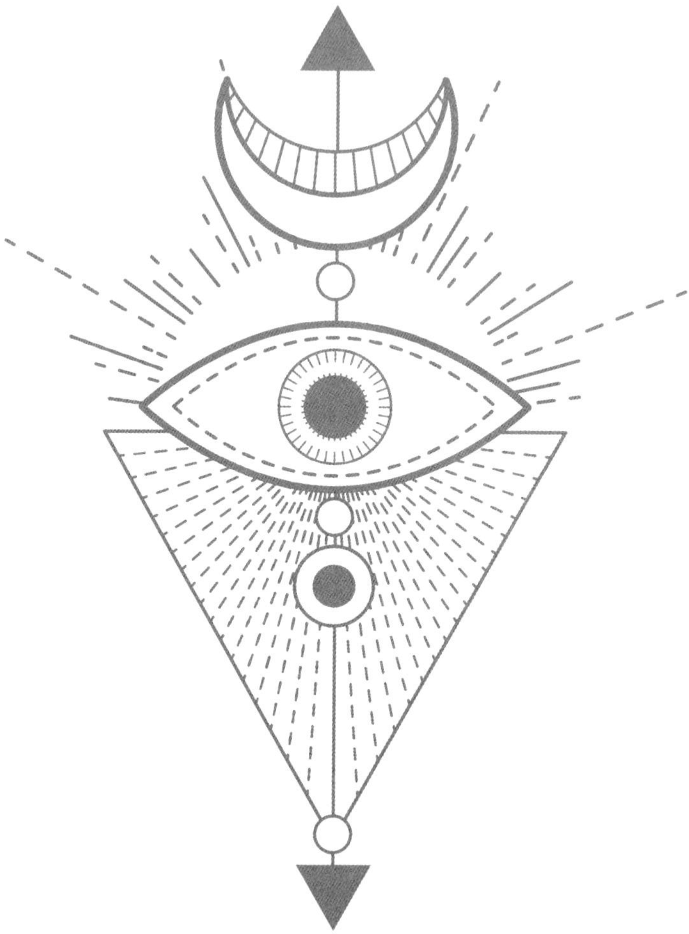

Chapitre XI

Les archanges et les rayons sacrés

La couleur représente une identité vibratoire universelle qui se connecte directement à notre âme. Chaque archange diffuse son propre rayon sacré associé à une lumière spécifique qui est en relation avec un centre d'énergie bien précis (voir le chapitre des archanges).

La luminothérapie, la chromothérapie restent des techniques intéressantes pour compléter vos soins. Nous connaissons les bienfaits du soleil sur notre corps avec la vitamine D et bien pensez que les rayons célestes produisent un effet similaire de vitalité, de bonne santé sur vos tous les corps subtils. Cela peut se comparer à une empreinte vibratoire spécifique qui génère une action définie sur les centres vitaux.

Pour les Bouddhiste,s nous avons 7 chakras principaux d'où émanent nos 7 couches auriques. Le matin lorsque vous sélectionnez vos vêtements, inconsciemment vous choisissez une teinte qui correspond à votre humeur, à votre état émotionnel, cela vous procure un équilibre, une harmonie entre le corps, l'âme et l'esprit.

Le chiffre 7 en numérologie symbolise le chemin de vie qui favorise les esprits, la vie intérieure et pratique spirituelle, tout ce qui est en rapport avec l'analyse ou la recherche les activités métaphysiques. C'est le chiffre de la connaissance, du savoir, il est censé porter chance. Le chiffre 7 revient dans de nombreuses circonstances dans le mysticisme, la religion, chez les chrétiens on dit que le seigneur a bâti le monde en 6 jours et qu'il s'est reposé le 7e. Les croyants pratiquants ne doivent pas travailler le dimanche, car c'est le jour du repos du Seigneur.

Le mot semaine vient du latin « septimana », signifiant « groupe des 7 matins », depuis plusieurs siècles les anciens observèrent 7 astres errants dans le ciel, tel que le Soleil, la Lune, Mercure, Vénus, Mars, Jupiter et Saturne, parmi les nombreuses étoiles.

C'est ainsi que fut instaurée la semaine des 7 jours.

En astrologie, les mages ayant constaté que les cycles lunaires se déroulaient durant 28 jours, ils ont ensuite découpé la durée totale par quatre ce qui donne 28 : 4 = 7 jours. Les scientifiques ont observé que les phases de la Lune durent environ 7 jours.

Les 7 flammes ou rayons sacrés sont associés aux 7 chakras principaux, aux 7 planètes, aux 7 jours de la semaine, par 7 couleurs. Ces rayons émanent de la Source divine, ils détiennent leur propre vibration et leur couleur personnelle. Ces flammes vibrent en nous, comme un soleil radieux.

En portant notre attention à l'intérieur de notre être, par la volonté créatrice de pouvoir nous aligner au droit divin. Nous devons réactiver nos flammes sacrées, car cela nous procure une grande libération, un éveil de conscience, qui nous permet de reprendre notre pouvoir d'évolution. Ces émanations lumineuses demeurent présentes également, au cœur de l'univers, autour des galaxies. Elles nourrissent les hautes vibrations qui se diffusent sur la planète pour tous les êtres vivants. Leur feu brûle toutes les imperfections, les cristallisations cellulaires, les blocages énergétiques, dans le même esprit que la flamme violette qui est associée au Maître Saint-Germain.

- **Lundi** : jour de la Lune, rayon bleu, en relation avec le chakra gorge.
- **Mardi** : jour de Mars, rayon rose, en relation avec le chakra cœur.
- **Mercredi** : jour de Mercure, rayon vert, en relation avec le chakra du 3e œil.
- **Jeudi** : jour de Jupiter, rayon doré/pourpre, en relation avec le chakra plexus solaire.
- **Vendredi** : jour de Vénus, rayon blanc, en relation avec le chakra racine.
- **Samedi** : jour de Saturne, rayon violet, en relation avec le chakra sacré.
- **Dimanche** : jour du Soleil (Sunday en anglais), rayon or, en relation avec le chakra couronne.

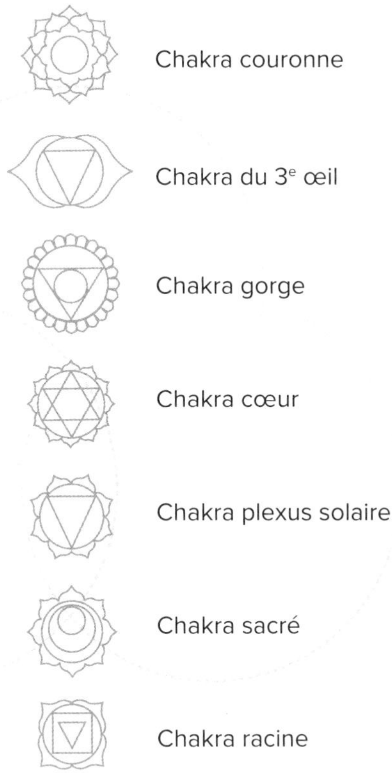

Les chakras

L'arc-en-ciel contient également 7 couleurs, associées aux 7 couches auriques. Les 7 pyramides d'Égypte, les 7 merveilles du monde et bien d'autres correspondances avec ce chiffre, les 7 étoiles des pléiades forment un astérisme de la constellation du taureau.

Les 72 anges diffusent le rayon blanc comme fréquence vibratoire commune, leur vocation peut porter sur un ou plusieurs centres énergétiques. Ils peuvent accomplir plusieurs missions, à l'instar des archanges qui paraissent plus spécialisés. Leurs tâches restent nombreuses et variées, sans aucune échelle de valeurs, les anges n'ont pas d'ego contrairement à nous !

Si vous voyez des orbes clairs, ces cercles lumineux qui apparaissent souvent sur des photos, des plumes immaculées, des chiffres formés par les nuages dans le ciel, ou des silhouettes évanescentes, un halo blanc autour d'une personne, c'est sûrement que vous avez la visite de vos chers anges !

Toutes ces manifestations éthériques deviennent de plus en plus courantes, alors qu'avant l'ère du verseau, ces phénomènes semblaient rarissimes. Les symboles angéliques sont partout, autour de nous et en nous, ce sont des cadeaux divins. La vibration de ces empreintes célestes harmonise, nettoie, aligne tous nos corps subtils et physiques, ainsi que notre aura. Les anges ne refuseront jamais de nous épauler, car c'est leur bonheur de nous soulager au quotidien, ayez foi en leur immense mansuétude.

Le soutien des anges nous apporte un réconfort considérable et sans faille, surtout lorsque l'on souffre de dépression, de maladie, de solitude, les preuves d'amour de nos guides sont les plus sincères, les plus désintéressées au monde.

Ces amis lumineux sont les plus proches des plans divins des humains, donc ils vibrent en première ligne (chakra étoile de l'âme) pour intervenir, si besoin s'en faut. Mais ils existent en nous dès notre première étincelle de vie en nous envoient tellement d'amour.

Témoignage personnel

« En 2015, alors que ma mère était décédée depuis 4 ans, elle venait me rendre visite parfois, en se manifestant souvent par une chanson magnifique de Jean Jacques Goldman que j'apprécie beaucoup, "Puisque tu pars". Un matin, j'étais assise sur mon canapé et la chanson se met à passer à la radio, grosse émotion, des frissons m'envahissent et les larmes arrivent doucement au bord de mes yeux. Soudain, j'ai senti un enveloppement, comme si un ange me prenait dans ses ailes immenses au niveau du dos et des épaules, derrière moi. Puis j'ai fermé les yeux et j'ai entendu, cette phrase en télépathie, "je suis là".

Cela a duré le temps de la mélodie, j'avais chaud dans les ailes de mon ange et je me sentais aimée et comprise. Ce moment de grâce vécu avec mon ange et ma mère ressemblait à une alchimie parfaite ou le temps faisait une pause. Cette impression que tout était magique et léger demeure gravée à jamais, dans mon âme et mon cœur. »

Laissons cette énergie angélique s'accomplir dans la confiance.

« Les hommes sont des anges stagiaires. »
Victor Hugo

« Pendant que nous dormons,
les anges ont des conversations avec nos âmes. »
Anonyme

« Toutes les nuits, dans mes songes je vais me blottir
dans les ailes de mes anges. »
Nelly Casadei

Sachez également qu'ils ne vous infligeront aucun tourment, ni désagrément, ni impératif, leur mission est de suggérer d'inspirer l'être humain sans jamais imposer quoi que ce soit. Si tel semble le cas, il est fort probable que vous avez un dialogue avec des âmes perdues, des forces malveillantes. Là, coupez immédiatement la communication, demandez l'assistance divine des archanges de lumières comme Zadkiel et Jophiel, Mickaël. Ensuite, nettoyez les charges, les pollutions avec la flamme violette et Saint-Germain, pour transmuter le négatif en positif.

Vous avez le pouvoir de dire non, de refuser de subir des attaques ou pressions des basses énergies. Les forces de l'ombre attaquent de plus en plus par ces temps de bouleversement planétaires, en ayant une haute vibration et de belles coques de protection, vous serez à même de ne pas endurer ces charges désagréables. Agissez fermement, pour être moins atteint. J'aborderai dans ce livre, les différentes méthodes de protections, mais la plus simple c'est de ne pas nourrir l'ombre et les pensées délétères, cela dépend de nous, souvent, c'est une histoire de croyances et d'intention.

Si je me place du côté de l'ombre, je dois me préserver de la lumière, car trop d'amour va me perturber, si je me place du côté lumière, je dois me protéger de l'ombre, trop de mal va me perturber.

Soyez clairs dans vos demandes, en résumé, nous vivons dans la dualité, nous devons accepter notre part d'ombre et de lumière, pour être dans l'équilibre énergétique. Le yin symbolise le féminin, la Lune, l'obscurité, son contraire est le yang, le masculin, la puissance, le soleil, la lumière. Formulez toujours par des phrases positives, réclamez ce que vous voulez et non ce que vous ne voulez plus !

Exemple, si vous dites ceci :

« Je ne veux plus être malade. »

L'univers entend « Je veux et malade » dites plutôt : « Je suis en bonne santé, j'ai une bonne vitalité ».

Certains d'entre eux font le choix avec notre assentiment de nous accompagner dans plusieurs karmas, un ange peut vous suivre de vie en vie, si vous le souhaitez, si vous ressentez une complicité très forte avec cet être de lumière.

Nos anges ne nous obligeront jamais à exécuter une tâche, une action qui ne nous correspond pas, même si cela semble favorable pour notre karma. Ce sont des énergies de douceur, de tendresses infinies. Ils ne nous feront jamais de mal. Cependant, l'accomplissement de la mission nous incombe entièrement, nous devons effectuer le travail de nettoyage karmique, de libération de l'âme avec eux ou sans eux, nous avons le libre arbitre dans ce cas-là.

Anecdote personnelle

« Cela faisait 2 ans que nous voulions déménager avec mon époux, vers un lieu plus près de la nature, mais aucune de nos visites n'aboutissait, soit le bien ne correspondait pas, soit le lieu, soit le prix !

Je demandais à chaque fois des signes aux anges pour savoir si l'endroit semblait en accord avec nos énergies, mais rien ne se manifestait vraiment. Mais lorsque nous sommes arrivés dans ce petit village, la maison nous plut, le jardin, la vue sur les Albères nous ravit, mais j'attendais les messages angéliques pour confirmer notre choix. Le lieu se nommait "les matins bleus", sachant que Mickaël du rayon bleu est un de mes guides, premier signe, puis, ensuite le nom de famille des propriétaires me confirma mon ressenti, car c'était celui d'un célèbre Maître ascensionné !

Voilà l'exemple typique des connexions angéliques, merci à l'univers. »

Les 7 rayons sacrés

Les 7 flammes sacrées contiennent des sources d'énergie très puissantes, qui peuvent transmuter le négatif en positif, qui libèrent toutes les charges pesantes et limitantes, si cela s'avère juste pour vous. Elles émanent toutes de la Source divine, l'ensemble de leurs vibrations se déversent sur Gaïa comme une onde bienfaisante et régénératrice. Nous sommes issus de la lumière de l'univers, nous possédons cette magnificence en nous, depuis l'étincelle divine, depuis le big bang de l'univers. Chaque jour, devient plus propice à employer un rayon particulier, selon nos besoins. Chaque rayon est détenu par un Maître ascensionné, il en est le gardien, puis pour le diffuser, on fait appel à un archange qui porte l'énergie de la couleur appropriée.

Ce nombre précis de 7 représente une symbolique particulière, en numérologie, comme les 7 chakras, les 7 plans de conscience, les 7 couches de l'aura, les 7 jours de la semaine, les 7 couleurs de l'arc-en-ciel, les 7 étoiles des Pléiades...

Vous trouverez différents articles qui vont vous parler de 12 voire 13 rayons sacrés, cela me paraît logique, si l'on compte 13 chakras, les 7 majeurs et 6 mineurs, voir mon livre La divine énergie où je vous détaille particulièrement ces centres énergétiques. Mais mon propos est de vous amener à comprendre afin d'utiliser facilement ces rayons, sans complication. Si vous souhaitez pratiquer des soins de qualité pour vous ou pour les autres, les 7 principaux rayons accompagnés des archanges référents vous suffiront largement.

Chaque rayon possède une gamme de fréquences qui lui est propre et qui contient une onde, une couleur particulière en alliance avec un archange. Chaque chakra et chaque couche aurique peuvent recevoir les bienfaits des rayons sacrés, mais également toutes les parties de notre corps qui en ont besoin. Cette source de lumière provient depuis notre être profond (chakra cœur) en nous permettant de régler toutes nos fréquences énergétiques, comme le ferait un rayon laser intelligent. En utilisant avec les 7 flammes sacrées, cela va équilibrer nos chakras principaux et aussi les secondaires. La finalité de ce soin est de soulager certaines douleurs, d'apaiser vos désordres émotionnels.

Pour activer ces flammes sacrées, il faut en faire la demande avec l'accord des guides et des maîtres ascensionnés. En se connectant à son âme, celle-ci envoie des informations d'activations aux cellules neuronales qui atteignent ensuite notre ADN quantique. Tous nos centres énergétiques vont recevoir cette nouvelle fréquence ensuite, il suffit de laisser agir la puissance des flammes sacrées à l'intérieur de nos 4 corps subtils, le physique, l'émotionnel, le mental et le spirituel. Soyons dans l'accueil et ouvrons notre cœur afin de nous remplir de cette énergie de lumière, sans attente particulière, laissons opérer la magie des 7 rayons sacrés.

Il n'est pas nécessaire de pratiquer une initiation si vous êtes en harmonie avec vos êtres angéliques.

Les rayons reçoivent la protection des maîtres ascensionnés appelés aussi « Chohans », qui représentent des entités spirituelles très élevées, ils sont les gardiens, les responsables de l'intégrité de leurs utilisations. Le maître qui les dirige tous les rayons sacrés, se nomme Paul le Vénitien, qui fut un grand peintre, il détient le 3e le rose, celui de l'amour sacré.

Les archanges quant à eux, sont les émetteurs des rayons sacrés. Ces grands enseignants de sagesse vivent dans la cité de Shamballa. Lieu mythique, situé sur un plan éthérique, qui se situerait vers le plateau himalayen, près du désert de Gobi. Cette cité contient une fréquence vibratoire de très haut niveau, réservée aux plus grands maîtres ascensionnés, afin qu'ils puissent se rassembler et œuvrer pour un monde meilleur sur terre.

Ce concile galactique tient des réunions constamment, afin d'évaluer, de concevoir des stratégies de protections pour les différents portails énergétiques de la planète et de la galaxie. Shamballa reste un centre de communication, de renseignement spirituel pour la fraternité de la lumière blanche, celle des archanges et de leurs rayons sacrés et des maîtres ascensionnés.

Les archanges peuvent envoyer ces flammes sur Gaïa et dans la galaxie, car ils possèdent le titre de recteur des rayons sacrés. Ils veillent à la distribution de cette puissante lumière, chacun de nous, à la responsabilité de participer à la sauvegarde de la planète avec l'aide de ces hautes fréquences sacrées.

1. **Le rayon bleu** de la volonté divine avec Mickaël.
2. **Le rayon jaune doré** de l'illumination avec Jophiel.
3. **Le rayon rose** de l'amour divin avec Chamuel.
4. **Le rayon blanc** de l'ascension avec Gabriel.
5. **Le rayon vert** de la guérison divine avec Raphaël.
6. **Le rayon rubis/or** de la résurrection avec Uriel.
7. **Le rayon violet** de la transmutation avec Zadkiel.

Les flammes sacrées émanent de la Source et rayonnent au fond de notre moi profond, car nous sommes tous reliés. En portant notre attention à l'intérieur de notre âme, par la volonté créatrice, nous nous alignons au pouvoir du grand tout et aux flammes sacrées. Elles sont libératrices, elles éveillent notre désir d'évolution spirituelle et énergétique (le feu sacré).

Ces émanations puissantes se trouvent également au cœur de l'univers, des galaxies où elles possèdent des temples qui leur sont dédiés afin de les préserver, de les entretenir dans le dessein d'équilibrer la planète et ses habitants. Chaque rayon a une fonction bien précise, selon la fréquence et la couleur.

Le feu divin brûle les imperfections, les cristallisations cellulaires et tous les blocages énergétiques, les égrégores, les basses énergies.

Tout le monde peut utiliser les 7 rayons sacrés, il n'y a pas de degré, ni de compétences particulières requises, sinon d'être dans la bienveillance et l'amour inconditionnel.

1/ Rayon bleu « La volonté divine en action »

Il correspond au chakra gorge, la communication, l'expression, l'intuition, il est dirigé par le maître ascensionné El Morya et l'archange Mickaël. Son action aide tous les entrepreneurs, les dirigeants, car il favorise l'action, le courage, les valeurs, les transformations, l'audace. Mickaël représente le gardien des milices célestes, il porte une épée de lumière bleue comme un chevalier de justice et de liberté, il coupe tous les liens toxiques qui vous empêchent de vous réaliser sur le plan physique et karmique. Son intervention est une des plus efficaces en soins sur les blocages existentiels dus aux karmas douloureux.

2/ Le rayon or « La sagesse divine »

Ce rayon est le plus lumineux des 7, sa diffusion est commandée par les seigneurs Lanto et Kuthumi, ainsi que l'archange Jophiel. Son énergie envoie de la sagesse, de la réflexion, du bon sens, de l'ouverture d'esprit. On fait appel à lui pour son rayonnement intérieur vers l'extérieur, on libère les blocages des vies antérieures et tous les schémas de peur. L'activation de cette lumière nous aide à avoir une vie sociale et personnelle plus riche et heureuse. C'est notre soleil profond qui nous permet de rayonner et d'ouvrir tous les champs du possible dans notre expérience spirituelle.

3/ Le rayon rose « L'amour divin »

Le rayon rose celui de l'amour sacré est dirigé par Paul le Vénitien et l'archange Chamuel. Ce rose apporte la paix, l'harmonie du cœur, il apaise les deuils, les chagrins, il aide à réconcilier les personnes et les peuples. Son utilisation est la base de toutes nos actions, de tous nos choix de vie, mais surtout, si nous avons manqué d'amour, il peut nous secourir. L'amour est le guérisseur ultime, la réponse à tous nos problèmes. Faites passer le rayon rose à tous ceux qui souffrent, ils trouveront un véritable apaisement de l'âme, grâce à cette flamme merveilleuse.

4/ Le rayon blanc « la pureté divine »

Ce rayon est dirigé par le Maître Sérapis Bey puis diffusé par l'archange Gabriel. Le blanc porte les fréquences de l'abondance infinie, des messages de la Source vers nous. Ce rayon détient en lui l'honnêteté, le respect, l'équilibre, la protection. Sa vertu principale vient de sa propriété de purification, il soutient les bonnes intentions. Le blanc représente l'image des anges et la candeur des enfants de la terre. Il inspire les artistes, les créateurs pour concevoir et améliorer leurs projets artistiques. Nous l'invoquons pour clarifier une situation confuse et embrouillée. C'est le rayon de la purification vers l'objectif de l'ascension. En soin, on l'emploie pour nettoyer les chakras et libérer les mémoires limitantes.

5/ Le rayon vert symbolise « la santé »

La science, la guérison et la prospérité sont les vertus élémentaires du rayon vert. Il est dirigé par le Maître Hilarion, Raphaël le transmet, son nom signifie « guérisseur de Dieu ». Son action s'exerce sur tous les soins énergétiques, la médecine allopathique et traditionnelle. Les vertus de ce rayon vert contiennent deux polarités qui se concrétisent dans l'amélioration, la pleine santé physique, mentale, émotionnelle, puis une autre action formidable pour accroître l'abondance de toutes choses. Vous pouvez l'associer au rayon violet afin de transmuter le négatif en positif, il dégage les obstructions, les pollutions en libérant les pensées négatives et les colères refoulées.

Le vert émeraude symbolise, l'espérance de vie harmonieuse en ce monde, l'essence de la croissance, la sève des végétaux. Raphaël étant aussi le protecteur des voyageurs, on l'active pour faciliter les déplacements et dégager les embouteillages.

6/ Le rayon rubis/doré, celui de « la paix divine »

Lady Nada (Marie-Madeleine), la flamme jumelle de Sananda est la seule femme faisant partie de la grande fraternité blanche qui détient un rayon sacré. Elle fit partie des esséniens en tant que guérisseuse. L'archange Uriel diffuse la flamme rubis/dorée pour éclairer notre parcours. La puissance de ce rayon apporte la paix du corps, de l'âme et de l'esprit en toutes circonstances tout au long de notre chemin karmique. Il apaise les tensions, les aléas de la vie, en permettant l'ouverture des portes de la réussite personnelle. Il autorise l'accomplissement de notre chemin d'âme.

La fréquence du rayon rubis/or permet une meilleure compréhension notre but existentiel, il nous rassure et nous offre la possibilité de réaliser notre karma dans la paix et la joie. Pour pratiquer un bon ancrage, faites appel au rayon rubis/or, le rouge symbolise l'action et l'or la route vers notre ascension spirituelle. C'est l'antistress associé au rayon rose de l'amour inconditionnel. Il accompagne les flammes jumelles à se réunifier et à équilibrer leur destin parfois si compliqué.

7/ Le rayon violet, celui de « la liberté »

La transmutation permet à l'âme de retourner à la Source divine. Il est dirigé par Maître Saint-Germain qui représente le gardien de la flamme violette et son archange est Zadkiel. Ce rayon sacré est le plus connu, le plus facile à utiliser par les humains. Le violet annule le négatif, transmute les égrégores de peurs, il nettoie le corps éthérique et libère les charges du bas astral, atténue les phases de dépression. En soin, on peut libérer les blocages karmiques et les cristallisations cellulaires pour apaiser le mental. C'est le rayon de la transformation, de la libération des énergies toxiques, il insuffle de la compassion aussi. Pour enlever les charges, les pollutions dans les 4 corps, on appelle le rayon violet, le soir de préférence, ce qui laisse le temps, pendant la nuit au corps éthérique de se régénérer tranquillement. Pour dépolluer une maison, dénouez une situation complexe, faites appel à son extraordinaire puissance, le rayon violet va rapidement vous rendre plus léger dans n'importe quel contexte.

Exercice de nettoyage de la couche éthérique

Visualisez un cercle de lumière blanche posé à vos pieds, prenez-le avec vos mains, faites-le remonter le long de votre corps physique, en écartant vos bras d'environ 80 cm, afin de nettoyer la couche éthérique, puis continuer doucement à remonter ce cercle autour de vous, une fois au-dessus de votre tête, donnez-le à la Source en le fermant et le jetant en l'air, puis remerciant sincèrement.

Faites ce nettoyage, tranquillement, lorsque vous êtes seul dans votre maison, et lorsque vous donnez le cercle qui est rempli de charges négatives, demandez bien à la Source de transmuter en lumière, et secouez bien vos bras pour tout enlever.

Décret pour l'activation des rayons sacrés

« Aujourd'hui, j'invoque le rayon (couleur du rayon)
Je demande à l'archange (le nom) de diffuser en moi
Tous les bienfaits de cette énergie d'amour
et de compassion
Je l'accueille avec bonheur et sérénité
Je m'aime telle que je suis
Je suis un enfant de la lumière divine
Je ressens en moi, l'action de ce rayon dans mes 4 corps
Je demande un rééquilibrage et un alignement complet
de tous mes chakras
De tous mes centres énergétiques, subtils
Que ceci se réalise aujourd'hui et maintenant
Pour mon bien et celui de l'univers »

Gratitude

Anecdote personnelle

« L'année dernière, mon mari m'a offert un voyage à Florence et à Pise pour mon anniversaire. Je suis partie en "touriste" sans trop me protéger des énergies lourdes et j'ai bien retenu la leçon, car ce fut un périple compliqué. Je me suis trouvée confrontée à la foule, ce que je déteste, et surtout aux vibrations toxiques des mémoires de complots de la famille des Médicis entre autres choses. L'ambiance des rues était chargée d'égrégores et tout ce que nous faisions était compliqué. Les Pakistanais remplissent les places, les allées, de peaux de bêtes mortes, des vêtements en cuir et cela sent très fort; pour une végétarienne, comme moi, c'est une torture.

Le dernier jour, nous avons dormi dans une chambre veillotte près de la voie ferrée, pour être proche de l'aéroport. N'ayant pas fermé l'œil de la nuit avec le bruit et la chaleur, nous décidons de partir vers 5 h du matin pour ne pas rater notre avion. Malheureusement, j'étais tellement épuisée, vidée énergétiquement, que j'ai attrapé une âme errante sur mon chakra plexus, ensuite je me suis posée sur un siège et en ai oublié la notion du temps... et nous avons raté l'avion!

Après avoir essayé de trouver un autre vol, nous avons dû accepter de rester une journée de plus et j'avais la sensation que quelque chose me retenait, que l'on m'empêchait de rentrer chez moi. Les employés de la compagnie étaient agressifs, irrespectueux, tout allait mal, plus de chambre, plus de vol!

Je décidai de sortir de me poser sur un banc dehors, pour réfléchir et me calmer, j'implorai alors l'archange Raphaël celui qui protège les voyageurs. En me concentrant dans mon cœur, je lui demandai de nous aider et de trouver une solution pour pouvoir rentrer. À ce moment précis, je vis une dame qui traînait une valise verte, puis un homme portant un polo vert, puis en levant les yeux je vis la croix verte d'une pharmacie, puis un camion avec une bâche verte. Raphaël m'envoyait plein de signes, et le message suivant, "ça va aller, sois tranquille."

Effectivement, cette journée fut agréable, nous avons trouvé un vol pour le lendemain et une belle chambre près de la tour de Pise en une heure. En mettant en place des actions avec le cœur et les guides, on peut libérer une situation compliquée et prendre les événements du bon côté. Belle leçon pour moi, on apprend tous les jours et c'est bien comme cela. »

« Lorsque nous exploitons les forces de l'harmonie, de la joie et de l'amour, nous créons naturellement le succès et la bonne fortune. »

Deepak Chopra

Chapitre XII

Le sceau de Métatron

La protection la plus puissante

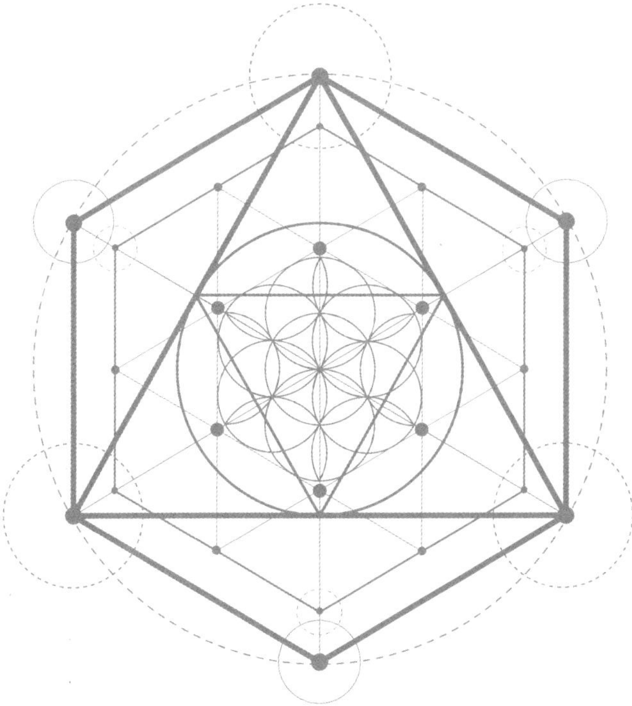

La libération de l'âme doit se réaliser, pour atteindre le dharma (l'enseignement divin), puis le nirvana l'étape ultime. Atteindre ce 7e niveau de conscience constitue la finalité pour l'âme sur terre. Nous n'avons aucune limite de temps, notre parcours karmique reste à notre entière liberté de choix et d'actions tant que l'objectif de libération est atteint. Pour ce faire, nous avons des outils de géométrie sacrés qui activent tous nos centres d'énergie et facilitent notre montée dans les plans divins. Ces figures géométriques ont été élaborées avec une grande précision mathématique, par les guides et les êtres de lumière, les fréquences qu'elles émettent vous protégeront de bien des désagréments. Ces symboles calculés par la puissance divine comportent de puissantes fréquences sacrées, elles possèdent des activations de libérations des mémoires cellulaires et des programmations de notre ADN quantique.

À l'origine, l'être humain possédait 12 brins d'ADN, à l'heure actuelle, la majeure partie des personnes n'en possèdent que 2. D'où, l'intérêt de nous aligner aux énergies de la 5e dimension, pour développer nos capacités et récupérer nos 10 brins d'ADN quantique. Métatron a le pouvoir de réencoder vos séquences d'ADN, si vous en faites la demande sincèrement.

Nous pouvons placer ces figures géométriques, dans une pièce de soin (sceau de Métatron), sur un bureau (étoile de Salomon), sur un frigo pour purifier les aliments (fleur de vie). Il est très efficace sur un compteur électrique pour nous protéger des ondes électromagnétiques, sur notre coque de téléphone et devant l'ordinateur (Merkaba) tout cela dans le but de ne pas capter les mauvaises fréquences pour notre cerveau et nos corps subtils.

La Merkaba, la mandorle, l'Arbre de vie, la fleur de vie, le huit de l'infini, le nombre d'or.

Au centre de l'image de la Merkaba est représenté un double tétraèdre, on voit une étoile or et blanche en 3 dimensions et la fleur de vie au centre, qui se composent d'une figure précise de plusieurs cercles, issues de la géométrie sacrée en symbolisant toute la structure de l'univers. Nous retrouvons au milieu du sceau, le dessin de l'Arbre de vie, qui symbolise l'image du ciel/père et de la terre/mère. La Merkaba est notre véhicule de lumière, notre vaisseau ascensionnel, nous l'utilisons afin d'élever nos fréquences pour atteindre les plans divins de la 5e dimension.

Avec l'aide précieuse de Métatron et Sandalphon qui forment un cercle énergétique cosmotellurique, nous activons notre ascension vibratoire.

Le sceau de Métatron

Le sceau de Métatron contient également les 5 solides de Platon, des formes géométriques parfaites qui sont associées chacune à un élément, la terre, l'eau, l'air, le feu, l'éther. Les bienfaits de la fleur de vie permettent de purifier les aliments et l'eau

L'Arbre de vie

L'Arbre de vie symbolise la structure du corps humain puis les 9 étapes de l'arbre Séphirotique. Les humains naissent et grandissent dans la matière donc ils sont reliés à Gaïa, le corps physique, avec le buste et la colonne vertébrale symbolisent le tronc et l'écorce de l'arbre. Les bras qui sont reliés au cœur karmique sont les branches de l'arbre et les feuilles, les fruits symbolisent les projets, les envies, les buts de notre vie.

La Merkaba

La Merkaba qui est notre véhicule spatiotemporel offre une très grande protection énergétique avec l'appui de l'archange Métatron. Le dessin de la lemniscate ou le 8 de l'infini apporte l'abondance et la réussite d'une entreprise ou d'une activité professionnelle. Le nombre d'or (chiffre sacré) travaux découverts par Léonardo Fibonacci mathématicien italien (1170/1250) donne la connaissance et l'ouverture du savoir universel à celui qui l'utilise de façon altruiste et bienveillante.

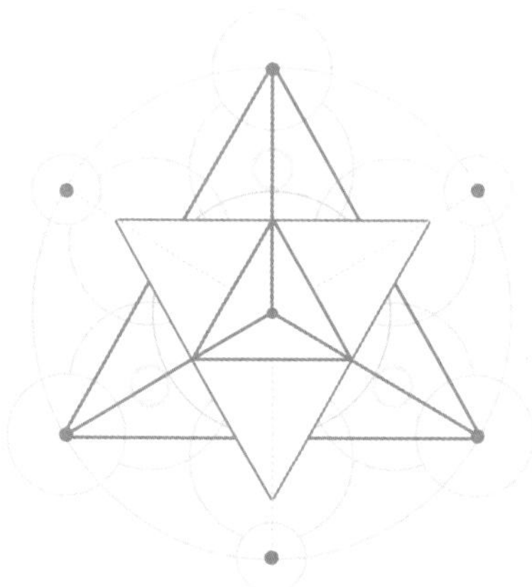

Les mandorles ou Vesica Piscis

Les mandorles ou Vesica Piscis présentent au sein de la fleur de vie, sont dessinées en forme d'amande (2 demi-sphères). Ces figures sont au nombre de 19 cercles complets et 38 arcs de cercle, le tout entouré d'un grand rond qui représente l'univers qui nous entoure, l'ensemble inséré dans le cube de l'archange Métatron qui évoque l'énergie des maîtres ascensionnés, tels que Jésus, Bouddha, Marie.

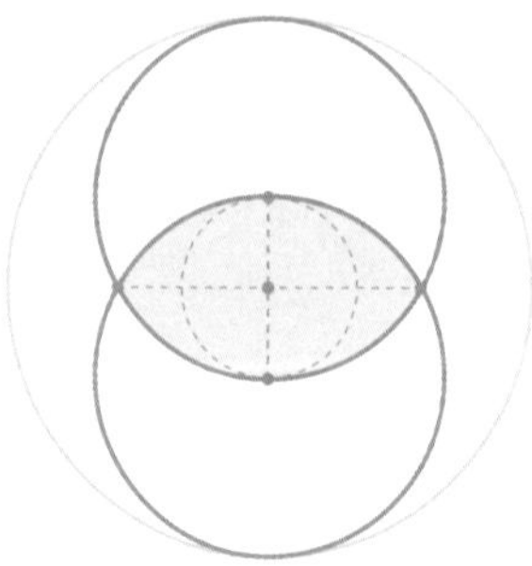

La mandorle

La mandorle fait la connexion entre le ciel et la terre, le cercle central rappelle la graine de la vie, qui représente la naissance de la cellule qui se divise et se multiplie. La lemniscate ou le 8 de l'infini représente l'univers, unis-vers notre part céleste.

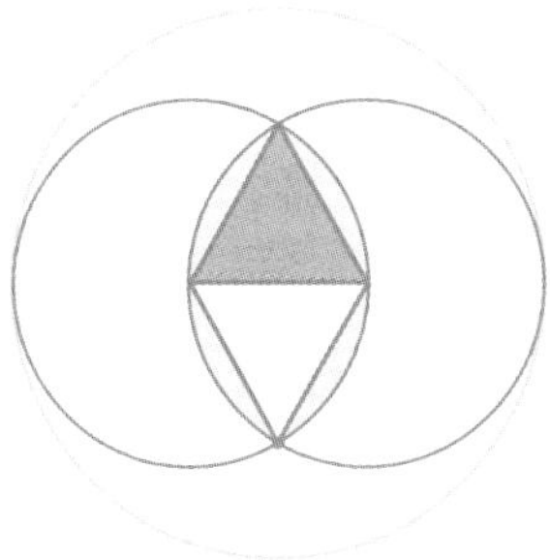

Le nombre d'or

Le nombre d'or ou suite de Fibonacci où est une conséquence de nombres entiers dans laquelle chaque résultat est la somme des deux termes qui le précèdent. Cette résultante est liée au nombre d'or (phi). Une spirale géométrique que l'on retrouve dans la nature ou sur de nombreux animaux ou végétaux, tel que l'escargot, le tournesol, les pommes de pin, des coquillages, mais également dans la construction de certaines pyramides en Égypte, dans le dessin de l'homme de Vitruve de Léonard de Vinci, dans certaines équations mathématiques entre autres.

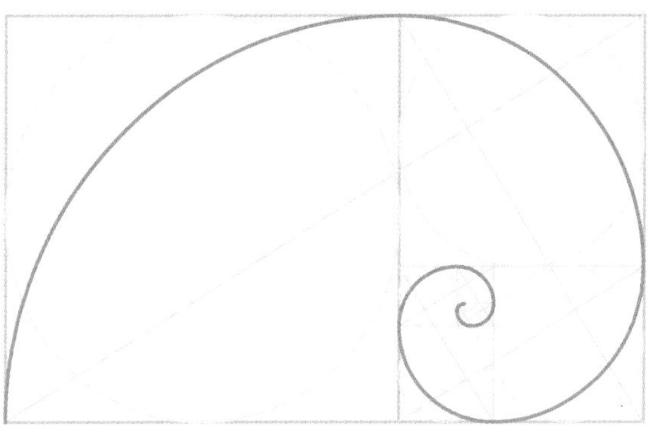

Il faut placer une intention dans le cube de Métatron, ou bien, au centre de la fleur de vie pour équilibrer vos centres énergétiques, purifier vos 4 corps, le physique, l'émotionnel, le mental et favoriser l'ouverture du spirituel. Ces symboles sacrés peuvent vous apporter beaucoup d'activations, de protections et de stabilités. Le sceau est relié en haut, par la pointe du triangle vers le ciel/père, donc la Source, la matrice divine, « uni vers elle », à l'aide de votre chakra couronne qui ouvre les voies de la spiritualité et de l'esprit supérieur. La pointe du triangle dirigée vers le bas, vers la terre/mère avec l'aide de l'archange Sandalphon, ce qui nous permet de nous nourrir des énergies telluriques de Gaïa.

Fleur de vie

Pour être pleinement dans l'instant présent, nous devons impérativement nous connecter à la terre, pratiquer l'ancrage tous les matins, accueillir notre ouverture spirituelle. En pratiquant régulièrement des méditations d'accueil, ensuite vous restez centrer dans votre cœur karmique, afin de recevoir les bons enseignements et ne pas être pollué par l'ego et le mental inférieur.

En soin, insistez sur le nettoyage du corps éthérique, le dégagement des entités, des vampires énergétiques avec Zadkiel. Vos chakras principaux résident dans votre couche éthérique, la deuxième de votre aura, ce qui explique que vous devez nettoyer régulièrement cette partie subtile. Si vous avez un doute concernant une présence indésirable, vous pouvez utiliser la technique du pendule, soit avec cet objet, soit avec votre corps physique.

Exercice du pendule avec le corps

Placez-vous debout, les bras le long du corps, jambes serrées, fermez les yeux, commencez par une question simple: par exemple « suis-je une femme ? Ou suis-je un homme ? » Regardez si votre corps penche en avant ou en arrière, là vous aurez votre convention, du oui ou du non, procédez ainsi pour d'autres questions.

En général, les principaux symptômes d'une entité sur vous se manifestent par une grande fatigue physique et morale, des nuits difficiles, des cernes sous les yeux, beaucoup d'irritabilité, parfois de la neurasthénie et surtout une énergie très basse. Personnellement, je préfère requérir aux services compétents d'un passeur d'âme, à chacun ses compétences.

À vous de choisir avec lequel de ces êtres de lumière, vous désirez travailler pour vos soins ou pour vous-même. Plus vos fréquences seront élevées et pures, plus vous serez hors d'atteinte de ces intrus énergivores. Il ne faut jamais explorer le bas astral et encore moins nourrir ces basses énergies, je n'ai jamais eu peur et ne leur laisse pas le droit de pénétrer dans mon temple intérieur.

Pratiquer des séances de soins demande d'être préparé à cette éventualité d'attaques du bas astral, mais en compagnie des êtres de lumière, vous aurez les meilleurs amis protecteurs, pour votre mission d'aide aux autres.

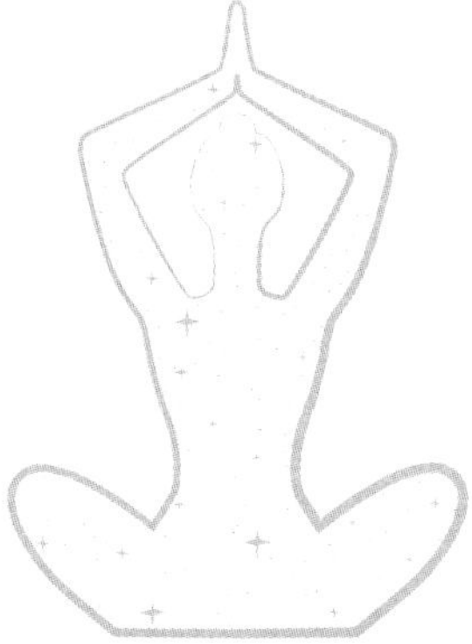

Décret d'élévation spirituelle

« Je demande humblement aux archanges
Sandalphon et Métatron
De m'accorder leur aide, afin de développer ma sagesse
et mon élévation personnelle
Que la lumière divine accroisse tout mon être divin,
ainsi que ma spiritualité
Je demande un rééquilibrage complet de tous mes centres
énergétiques et subtils, ainsi que de mon aura
Je demande que tous mes choix s'inscrivent jusque
dans mon ADN quantique
Dans toutes les dimensions de mon être, qu'il en soit ainsi,
maintenant et aujourd'hui
Pour mon bien et celui de l'univers. »

Grâce infinie

Chapitre XIII

Les Maîtres ascensionnés – Les Déités

La grande fraternité blanche comprend l'ordre des Melchisédech et des maîtres ascensionnés, qui œuvrent pour accompagner entre autres les travailleurs de lumière au bien-être de la planète. La couleur blanche qui les entoure symbolise la pureté de leur énergie et la protection divine qu'ils peuvent nous apporter. Cette hiérarchie spirituelle est dirigée par Sanat Kumara et Kuthumi dont le dessein est d'amener le plus haut niveau de conscience chez les peuples de la galaxie. Au sein de ce cercle d'initiés, on trouve également les archanges, les anges, les déités, certains saints religieux, des êtres issus d'autres planètes, comme les Élohim.

Un maître ascensionné est un être humain devenu une entité spirituelle, qui a accompli les 7 plans de conscience au cours de ses nombreuses vies terrestres. Son plan karmique étant achevé, il a pu s'élever dans des dimensions célestes très hautes. Ces grands enseignants incarnent l'ultime empreinte de la sagesse universelle, celle des entités évoluées qui guident l'âme et souvent ils deviennent des prophètes pour les humains.

Tous les hommes méritants ne deviennent pas des maîtres ascensionnés, pour autant, il faut pour ce faire avoir franchi certains paliers spirituels avec l'assentiment de la Source et appartenir à la famille d'âme des « Maîtres ». Ce sont des élus désignés par une conscience supérieure, qui a dépassé la barrière de la matrice, donc de la matière tangible. Les maîtres cosmiques ont réalisé l'accomplissement de leurs karmas, en ayant vécu des incarnations célèbres, mais qui ont surtout permis à l'humanité de progresser vers une connaissance bienveillante. Ils ont pu ascensionner en intégrant un rayon dans chacun de leur chakra, la puissante lumière blanche se diffuse ensuite dans leurs corps subtils, en espérant atteindre le niveau suprême des Chohans ou des Melchisédech.

Ces entités supérieures demeurent toutes dans la cité de Shamballa, un lieu énergétique sacré où ils enseignent et préparent l'avenir des peuples sur terre et sur d'autres planètes. Leur philanthropie et leur dévotion restent leurs motivations principales. Parmi ces puissantes énergies célestes, vous trouverez des noms qui ont atteint des notoriétés mondiales et d'autres qui sont des divinités orientales ou asiatiques possédant les mêmes capacités spirituelles avec des compétences variées.

Il n'y a pas de guerre d'ego ou de pouvoir au sein de cette grande fraternité de lumière blanche. Chaque entité céleste œuvre dans la foi pour servir au mieux la Source et l'humanité.

Les Déités représentent des êtres désincarnés, qui durant leurs passages sur terre, ont contribué à l'élévation spirituelle de leurs pays. Ils continuent au cours de leur chemin d'ascension sur d'autres plans à nous apporter leurs soutiens et leurs presciences. Ils peuvent être masculins ou féminins, cela dépend de leurs expériences terrestres.

Les dieux sont souvent dessinés avec certains symboles liés à leur parcours de vie, comme l'œil d'Horus, ou les ailes d'Isis, la pomme de pin de Bouddha, le sceau de Métatron…

Les maîtres ascensionnés, les grands êtres cosmiques, les archanges, les anges forment une élite d'énergie incomparable qui œuvre pour la fraternité blanche qui régit l'amour et la paix au sein de l'univers.

Au cours de mes stages d'initiation, au Boulou, dans les Pyrénées orientales où lors de mes nombreux soins karmiques, il n'est pas rare qu'un ou plusieurs maîtres ascensionnés me transmettent un message ou une indication pertinente, pour m'aider à comprendre le sens de l'enseignement que je dois communiquer aux stagiaires.

Parfois, je visualise en premier, un rayon de couleur, ensuite, je ressens l'émanation vibratoire de la présence d'un guide ou d'un mot par télépathie, son nom m'apparaît ensuite, afin de le communiquer aux personnes concernées, dans le but qu'elle puisse continuer sa mission de concert avec les guides. Cette présence lumineuse et bienveillante peut rester plus d'une semaine près de moi, cela signifie qu'elle vient m'assister et m'orienter dans ma vocation d'aide et parfaire aussi ma mission d'enseignante.

En tant qu'artisans de lumière, nous devons être à l'écoute de ces grands enseignants spirituels, car nous n'avons pas encore terminé notre chemin karmique pour la plupart d'entre nous. Leurs conseils nous apprennent à mieux nous orienter pour notre évolution. Chacun d'entre nous doit rester à l'écoute de ces grands sages, en apprenant étroitement avec eux, nous recevrons des révélations essentielles et constructives. Ces êtres magnifiques nous enseignent leurs savoirs surtout la nuit, lorsque notre mental semble apaisé et réceptif.

Si j'ai rédigé ce manuel, c'est pour qu'il serve de base et de guide à tous ceux qui manifestent le désir d'apprendre et de communiquer avec les anges, les archanges et les maîtres ascensionnés, en toute simplicité.

Seuls les maîtres ascensionnés et aussi les archanges Métatron et Sandalphon ont vécu des vies d'humains, donc il me semble logique de faire appel à leur savoir, lorsque l'on rencontre des obstacles dans nos destinées sur terre. Les plus réputés de ces grandes figures légendaires sont encore commémorés ou adulés par le monde, en raison de leurs actes de courage ou de foi, comme Padre Pio.

Les déités ne jouissent plus d'une ferveur aussi importante qu'à certaines époques, comme celles où les Grecs, les Romains, les Égyptiens, les Mayas, les Atlantes vénéraient leurs dieux et déesses inconditionnellement, autres temps, autres mœurs, autres cultes.

Ma liste va vous paraître incomplète, ne m'en veuillez pas, mais ils sont des centaines et je vais parler des plus connus et des plus emblématiques, surtout de ceux qui me font l'honneur et la grâce de venir près de moi, lors de mes séances médiumniques. Invoquer les maîtres qui paraissent en résonance avec votre intuition, cela sera toujours juste. Lorsque l'on contacte les guides, les archanges ou les anges et que l'on désire communiquer avec eux, cela ne veut pas dire qu'on leur voue un véritable culte, ce n'est pas un dogme ou une religion, la plus simple explication pour les êtres spirituels résulte en un mot : **la foi**.

Nous avons tous nos opinions, nos rituels quotidiens, nos aspirations, nos ambitions, nos rêves, mais sans aucune conviction profonde ni aucune foi, l'existence n'a plus d'intérêt ni de raison d'être, à mon sens.

La foi c'est le sel de la vie.

Voici une liste non exhaustive des maîtres ascensionnés, les plus connus, classée par catégorie et par pays.

Sananda

Le premier porte plusieurs noms, Jésus, Joshua, mais dans la spiritualité on l'évoque sous le nom de Sananda.

Ce maître ascensionné, ce sage initié fait partie de la puissante hiérarchie céleste des êtres de lumière les plus célèbres et les plus emblématiques. Il y a plus de 2022 ans, il est né en Galilée, sous l'ère du poisson, il devint la figure de l'amour inconditionnel et de la guérison mystique. Après de nombreux enseignements et de riches expériences spirituelles, il devint un grand guérisseur de l'âme, de l'esprit et du corps. Sa bonté, son courage deviennent légendaires et bien fondés. La religion chrétienne, c'est inspiré sur sa vie et les récits de ses apôtres pour établir une religion.

Cet homme d'exception possédait des capacités de magnétiseur hors normes, en plus de sa culture et de ses multiples connaissances qui étaient phénoménales, pour l'époque. Il incarnait l'humilité et la bonté personnifiée. Sananda et ses disciples faisaient partie du peuple essénien qui parcourait les villes puis les villages, afin d'offrir des soins aux plus modestes, de porter des messages de fraternité aux peuples, en retour on leur offrait le gîte et le couvert. Ses disciples le suivaient partout en profitant de ses précieux conseils et de ses enseignements spirituels, mais également de ses dons de Maître guérisseur et de Maître enseignant.

Lady Nada

Une de ses proches les plus connues fut sans aucun doute, Marie-Madeleine, qui fut sa compagne, qui devint par la suite, un maître ascensionné, que nous évoquerons sous le nom de lady Nada.

Elle fut sa flamme jumelle et l'amour de sa vie. Cet être de sagesse, cette grande prêtresse du temple de l'amour, au temps de l'Atlantide représente le seul Chohan féminin de la grande fraternité blanche. Elle détient l'énergie du 6e rayon rubis/doré, sa fonction principale réside dans l'équilibre du féminin sacré et la libération de tout ce qui concerne la dualité et les polarités sur terre, qui sont la matière et l'esprit. Elle supervise les rencontres amoureuses des flammes jumelles, des âmes sœurs et des liens familiaux, elle veille à l'éducation des enfants. Elle libère les opprimés, agit sur le pouvoir divin de la communication, soit par channeling ou verbalement. Son rayon apaise les émotions douloureuses, les ruptures amoureuses en diffusant un baume de douceur.

Actuellement, Sananda, Kuthumi, Sanat Kumara et Sérapis Bay sont les dignes instructeurs bienveillants du Nouveau Monde qui s'ouvre à nous, sous l'ère du verseau. Le message qu'ils nous ont offert me semble encore plus d'actualité à ce jour, celui de l'amour universel et inconditionnel pour tous les êtres vivants sur cette planète.

« Aimez-vous les uns les autres ».

Marie

Marie, porteuse du rayon rose, fut la mère de Sananda/Jésus qui symbolise la famille, les mères, les filles, les enfants, l'amour immense pour les êtres qui nous sont chers. L'archange Gabriel qui est le messager du divin, lui annonça la venue de son fils, ce qui fit d'elle, la Sainte Vierge Marie. En soin, elle se situe au niveau du chakra cœur karmique avec le rayon rose de l'amour, mais aussi vers le chakra sacré, celui de l'émotionnel et du centre de gestation. Ce maître ascensionné se trouve omniprésent dans nos cœurs et dans nos vies, car sans nos proches, sans parent et sans enfant notre existence sur terre, semblerait bien vide. Beaucoup de femmes et d'hommes se sentent protégés par ce maître de sagesse, je le constate de plus en plus. Cette énergie de compassion qu'incarne Marie accompagne souvent les enfants malades, handicapés, les personnes dans la détresse émotionnelle. Pour ceux qui souhaitent avoir un bébé ou adopter un enfant, l'énergie de Marie peut aider à réaliser ce désir de maternité.

La protection des personnes, comme les marins en mer, les sages-femmes, fait partie de ses attributions, depuis des siècles. Étant, d'origine bretonne, dans ma famille, on donnait très souvent aux enfants filles et garçons, comme 2e prénom, celui de Marie, il n'est pas rare de trouver des Joseph-Marie, des Pierre-Marie, des Jeanne-Marie, chez les Bretons, cela offrait pensait-on, une protection pour l'enfant qui venait de naître. Sa bonté et sa bienveillance vous offriront un réel soulagement, si vous l'invoquez avec votre cœur, elle soulagera vos peines en douceur, comme une mère bienveillante.

Partons maintenant vers l'Asie, où l'on trouve de plus en plus d'adeptes du bouddhisme.

Maître Bouddha

Cet engouement médiatique est en partie dû à la grande popularité du Dalaï-lama et d'autres moines tibétains connus, comme Mathieu Ricard ou de guide comme Amma. De son vrai nom, Siddhârta Gautama serait né vers 560 av. J.-C., son nom signifie « l'éveillé ». Ce grand sage relie tous les Bodhisattva (des êtres éveillés), car il porte l'énergie de guérison ultime et de la compassion. Son enseignement, ses préceptes altruistes demeurent légendaires et universels désormais.

Son enseignement sur le détachement de la souffrance, du pardon, de la paix intérieure, de l'ouverture de conscience a instauré la foi et la religion bouddhique. Le principal précepte de Bouddha permet de choisir en toutes circonstances « la voie du milieu », c'est-à-dire la modération, la voie du sage, de la paix, et non de la colère. Peu de gens éveillés peuvent voir ce grand maître en canalisation, mais beaucoup d'entre nous ressentent sa chaleur, son amour dans le cœur dès l'instant où nous lui demandons de l'aide. Pour vos soins, invoquez sa divine présence, vous retrouverez l'équilibre, l'harmonie, la paix et il vous assistera pour votre croissance personnelle et spirituelle. Bouddha aide à trouver l'harmonie, l'équilibre intérieur, à calmer le mental et les pensées récurrentes.

Kuan Yin

Sa flamme jumelle fait de plus en plus parler d'elle, en Europe, son nom est Kuan Yin. Sa popularité en Asie n'est plus a démontré, cette divinité à des traits purs et fins, son nom signifie « celle qui entend les prières ». Kuan Yin incarne une déesse et un bodhisattva (un être illuminé), ceux-ci peuvent devenir des Bouddhas. Mais cette déesse a choisi de rester proche des humains, plutôt que de devenir un Bouddha. Son amour pour l'humanité est si grand, si profond que vous pouvez solliciter son aide pour ouvrir vos capacités médiumniques. Elle assiste les bienfaiteurs pour la protection des enfants et accueille le pardon, le lâcher-prise, l'éveil de conscience et la beauté dans toutes ces dimensions. Kuan Yin entend toutes vos demandes, elle écoute votre cœur et connaît les tourments de l'âme. Les femmes aiment particulièrement cette énergie, grâce à sa vibration subtile, elle redonne le pouvoir légitime à notre féminin sacré et met en lumière la part féminine en nous. Elle redonne ses lettres de noblesse à notre énergie yin qui a été bafouée au cours des siècles, au sein de civilisations patriarcales et de la religion.

Maître Kuthumi

Maître Kuthumi aurait vécu comme un chef spirituel sikh dans les années 1800 en Inde, portant le nom de Sirdar Thakar Singh Sadhanwali. Sa mission l'amène à devenir un co-fondateur des membres des templiers et aussi de la fraternité blanche. Il vécut de nombreuses incarnations, dont celle de Saint François d'Assise et de Pythagore, il détient le pouvoir de la géométrie sacrée, il aurait bâti le Taj Mahal comme preuve d'amour pour sa femme. En tant que le roi Mage Balthazar, il suivit l'étoile du berger, pour accueillir la naissance de l'Enfant Jésus. Sa fonction primordiale est de veiller à la bonne réalisation de toutes nos actions sur terre. Il symbolise un gardien des mystères occultes, afin d'apporter aide et assistance à ceux qui sont en proie à des puissances négatives. L'étoile de David avec ses 6 pointes représente son symbole, celui de l'équilibre de l'esprit, du corps et des relations humaines.

Associé à l'archange Mickaël, ces 2 énergies représentent les protecteurs du Saint Graal, qui correspond à la quête du moi profond, de notre sagesse intérieure. Ce grand maître ascensionné détient le pouvoir du rayon jaune, la lumière céleste, mais son titre spirituel le désigne comme « le grand chohan du rayon de l'illumination divine ». Il dirige maintenant avec Sananda et Bouddha, en tant qu'instructeur de l'univers, l'avenir de notre monde. En soin, il sert à développer son esprit conscient, à atteindre nos objectifs de vie, à être plus concentré. Son apprentissage apporte la sagesse, l'amour inconditionnel, la réussite de nos projets, la concrétisation de notre mission d'âme en facilitant l'accès au monde spirituel et particulièrement celui des anges. Il fait le lien entre les humains et les plans divins.

Sanat Kumara

Sanat Kumara est un dieu guerrier dans l'hindouisme, qui débarrasse les personnes, les maisons des entités négatives du bas astral. Ce grand maître est placé au sommet de la hiérarchie planétaire de l'initiation céleste, il administre les 12 rayons sacrés au sein de Shamballa. Ce grand initiateur débarqua de Vénus pour transmettre aux hommes sur terre, l'activation de la triple flamme. On le nomme aussi le « roi du monde », la fraternité blanche, le considère comme le plus ancien des êtres cosmiques. Son action permet de relier tous les autres maîtres de Shamballa et les archanges entre eux. Il serait venu jadis de Vénus avec 105 frères, pour créer une assemblée spirituelle. En soin, vous pouvez travailler avec son énergie pour nettoyer le corps éthérique.

Ce puissant personnage combat avec courage et intelligence les forces du mal, il libère l'esprit et l'âme qui sont tourmentés par celles-ci. Sa mission symbolise une allégorie contre l'ignorance et la stupidité des hommes. Sanat Kumara, le maître de Vénus, de Sirius, détient le pouvoir suprême d'éveiller la terre en conscience. En tant que détenteur de la fréquence du rayon indigo (3e œil), il a évité la destruction de la terre en envoyant les enfants indigo, puis les cristal diamant, les arcs-en-ciel, pour effectuer leurs missions de guerriers de lumière. Sanat Kumara fut lors d'une de ses incarnations, un melchisédech, mais doté de différentes énergies et attributions, puisqu'il a envoyé les enfants starseeds de l'âge d'or, dans le but de sauver la planète dès les années 1960 en les formant au préalable depuis les plans supérieurs.

En sanscrit, son nom signifie « jeunesse éternelle », il a donné son aval pour mettre en place la porte dorée des atlantes, le fameux portail des étoiles (stargate), qui accueille la renaissance du peuple de l'Atlantide. Lors du célèbre wesak, Maître Kumara reconnecte les énergies christiques et bouddhiques. Sanat Kumara et Melchisédech symbolisent les maîtres de la grande fraternité de Sirius ; tous ces grands êtres cosmiques ont pour rôle d'aider à passer la transition des énergies lourdes actuelles, afin de faciliter l'intégration des nouvelles grilles cristallines de la 5e dimension.

En soin, vous pouvez tout lui demander, car sa puissance et ses compétences sont immenses. Il purifie les lieux, clarifie les esprits, soulage les difficultés, redonne la vitalité et il aide à la réalisation des soins holistiques.

Maître Saint-Germain

Maître Saint-Germain détient le 7e rayon, mais il est le gardien de la flamme violette de transmutation, cela évoque pour moi, le grand enseignant alchimiste par excellence. Son désir est de délivrer à tous l'initiation de la flamme violette, qui était jalousement gardée, jusqu'alors par une élite privilégiée. Parmi ses nombreuses attributions, il dirige les légions de la guérison, comme prêtre des atlantes, ainsi que prince de la terre en compagnie de Maitreya. Saint-Germain a connu de nombreuses incarnations, dont celle de Joseph l'époux de Marie, Merlin l'enchanteur, Christophe Colomb, Lord Byron, Shakespeare, Léonard de Vinci et sûrement bien d'autres. L'alchimiste détient le pouvoir de transformer le plomb en or, la voie de la lumière céleste pour tous ceux qui l'utiliseront à bon escient. Cette métaphore nous fait comprendre que la flamme violette transmute le négatif en positif et peut ainsi libérer les charges qui s'accumulent dans nos corps physique, énergétique et subtil. L'image de la quête des alchimistes, des mages ou de la recherche du saint Graal est révélée par la transmutation, qui signifie que l'on sort des ténèbres pour aller vers la lumière.

Ce maître nous enseigne la parapsychologie, l'ésotérisme, les missions de vie, les rituels, les techniques de nettoyage des personnes, des habitations, des lieux. Pour travailler avec lui, il suffit d'invoquer la flamme violette, de la visualiser autour de vous en récitant un décret approprié. Pendant mes formations, sa présence est toujours là, car il protège la connaissance, le savoir et permet aux personnes d'être dans une belle énergie de réception, de plus, c'est un de mes guides principaux et il me suit chaque jour dans mes activités avec bienveillance.

Chaque soir, invoquez la flamme violette pour nettoyer les formes pensées désagréables, les égrégores pénibles de votre journée, cela vous permettra de dormir paisiblement. Si vous souhaitez une protection puissante, pour vous ou vos proches, demandez à Saint-Germain de vous mettre une pyramide de feu violet autour de l'aura, pendant le temps nécessaire, cela fera merveille, en général le délai est de 3, 6 ou 9 jours. En visualisant ce rayon violet, vous pouvez invoquer l'archange Zadkiel qui agira avec force et puissance pour nettoyer et transmuter les charges les plus pesantes. On l'invoquera toujours en se centrant dans le cœur et en prononçant le fameux « I Am », qui signifie « je suis ma présence divine, je suis l'énergie de la flamme violette, je suis le feu sacré ».

Lady Portia

La flamme jumelle de cet alchimiste, s'appelle Lady Portia.

Déesse de la justice, maître du 7e rayon le violet, comme Saint-Germain, elle permet l'ouverture du 3e œil, et facilite la compréhension de l'incarnation. Son influence de compassion nous apaise et soulage nos doutes existentiels. Lady Portia rassemble les flammes jumelles, apaise leurs différends et facilite l'ascension de toutes les âmes vers la Source. Elle apporte l'harmonie, l'équilibre de nos centres énergétiques et nous permet de rester alignés dans notre cheminement karmique et familial. Son incarnation en tant qu'Anna la grand-mère de Jésus semble moins connue. Elle pratiquait les soins esséniens comme guérisseuse et accompagna Saint-Germain dans plusieurs de ses incarnations. Elle représente une des plus hautes expressions de l'énergie féminine.

Le Seigneur Maitreya

Le Seigneur Maitreya symbolise une entité planétaire.

C'est un maître ascensionné dans la tradition bouddhique de l'Inde, sa mission diffuse l'amour au sens large, pour l'humanité. Sa compassion, son aura illumine le monde. Il est considéré comme une conscience christique très élevée. Frère aîné de la famille terrienne, chef incontesté de la plus haute hiérarchie spirituelle. Sa mission porte sur le nettoyage des charges de notre monde. Il nous ouvre la voie de la supraconscience, de la spiritualité. Notre renaissance passe par ses fréquences sacrées. Son nom en sanscrit signifie

« bonté », c'est le maître de l'ascension de l'illumination spirituelle. Sa puissance vibratoire va bien au-delà de celle des autres maîtres ascensionnés.

Il représente l'Ère du verseau actuelle, en tant que chef spirituel et instructeur planétaire cosmique et terrestre. Pour aider le monde des affres, des noirceurs, des forces du mal, des égrégores de peur, faites appel à cette puissante vibration astrale.

Padre Pio, le Saint

Dans la religion catholique, les papes ont canonisé certains êtres humains, qui avaient vécu une vie pieuse et dans la dévotion, certains avaient accompli des miracles qui furent reconnus par l'Église catholique, parmi ceux-ci, vous avez le célèbre Padre Pio. Il fut canonisé le 16 juin 2002, place Saint-Pierre à Rome, par le pape Jean Paul II. Né le 25 mai 1887 à Pietrelcina et décédé le 23 septembre 1968 à San Giovanni Rotondo, Francisco Forgionne de son nom de baptême, décida à l'âge de 16 ans, d'entrer au monastère des Capucins par vocation et prit le nom de Pie en hommage au pape Pie V. Son parcours très atypique, le rendit célèbre, dès 1918, il est marqué par une transverbération, il portait des stigmates qui se caractérisèrent par des plaies ouvertes saignantes au niveau des mains, des pieds et même sur la tête, là où le christ portait sa couronne d'épines sur la croix. Ces blessures ont duré près de 50 ans, ce qui est assez rare dans l'histoire chrétienne.

Beaucoup de fidèles venaient le saluer, se faire bénir par lui et on lui attribua de nombreuses guérisons « miraculeuses » même après sa mort. Ses capacités de guérison sont reconnues aujourd'hui, on sait qu'il a aidé à retrouver la vue à des aveugles, à sauver les malades incurables. Il possédait de nombreux dons, comme celui d'ubiquité, de lévitation, de prémonition, de guérison. Durant les bombardements de la Seconde Guerre mondiale, de nombreux pilotes de l'aviation américaine, britannique, ainsi que d'autres nationalités ont effectué des missions militaires sur la région de Bari, en Italie, où Padre Pio demeurait, tous furent témoins d'un événement surprenant. Ils relatèrent avoir vu un moine dans le ciel qui leur demandait de ne pas lancer des bombes sur cette région, et effectivement toute la province fut épargnée par les attaques des missiles, grâce au moine capucin. Padre Pio semble un cas très rare où les manifestations mystiques, voire les photos de ses stigmates, les apparitions de ce saint homme, demeurent inexpliquées par la science et un mystère à ce jour. Son pouvoir de guérison, son charisme, en a fait un maître ascensionné de réputation mondiale.

Ses capacités en soins portent sur les troubles de la vue, comme la cécité, les guérisons miraculeuses au sens large, le développement des facultés spirituelles, les prophéties et le pardon.

Déesse Isis

Maintenant, nous allons voyager en Égypte avec la Déesse Isis.

On la désigne « la mère divine », son nom veut dire « Souveraine », elle évoque les légendes et les mystères. Son pouvoir est souvent associé au féminin sacré, elle se connecte avec les influences de la Lune, elle incarne la femme, la maternité, la magie et le pouvoir divin. Après avoir épousé son frère Osiris, elle enseigne aux femmes les droits des épouses. Son autre frère Seth assassine son mari par jalousie, pendant qu'elle était absente. Voyant cela, elle décide de ressusciter Osiris par amour, ensuite ils conçoivent un fils ensemble, prénommé Horus. Les Égyptiens considèrent Isis comme une prêtresse pratiquant la magie. Elle ressuscite l'âme des morts et elle est représentée de couleur or, avec des ailes d'oiseau qui entourent les sarcophages.

Lorsque l'on a besoin d'équilibrer sa vie, de libérer des émotions douloureuses, Isis semble la mieux placée pour cette demande. Les femmes d'affaires, les entrepreneuses, les professions libérables auront toute l'aide utile pour remplir leur mission avec l'énergie de cette déesse. Elle symbolise la beauté, le pouvoir du féminin sacré, l'estime de soi, la magie de l'être divin, la confiance dans les projets de vie.

Horus

Horus symbolise le puissant dieu du ciel.

Son nom signifie « celui qui est au-dessus ». Il porte l'image de la tête de faucon sur les hiéroglyphes égyptiens, dont les 2 yeux sont le Soleil et la Lune. Sa mère Isis l'a protégé de son oncle Seth qui a assassiné son père Osiris par deux fois. Les pouvoirs de sa mère lui ont permis de grandir en sécurité et de devenir un jeune homme courageux et fier. Il a affronté son oncle dans une bataille afin de venger son père, où il a perdu son œil d'où la légende de l'œil d'Horus, qui symbolise notre 3e œil. Plus tard, il conquiert le trône de la Haute et Basse-Égypte, en devenant un maître de courage et de valeurs pour son peuple. En canalisant ce Dieu, vous allez recevoir des visions, il va activer votre intuition, votre clairvoyance en facilitant l'ouverture de votre 6e chakra, si cela est juste pour votre évolution.

Ses compétences concernent l'action, le courage, les relations mères-fils, la fratrie, la mission de l'âme. Lorsque je visualise le 3e œil d'une personne, j'invoque l'accompagnement d'Horus afin de me permettre de voir l'état de ce chakra, s'il est clair, voilé ou bien ouvert ou fermé. Nous pensons tous que si notre 3e œil est bien ouvert nous pourrons avoir des visions, ce qui n'est pas faux, mais le processus me semble inversé. En s'exerçant par la méditation et en effectuant un travail régulier sur soi, là on facilite l'accès aux canalisations et le 6e chakra va s'ouvrir. Si celui-ci n'est pas encore ouvert, posez-vous la question suivante, « Qu'est-ce que je ne veux ou ne peux pas voir ? »

Sérapis Bey

Sérapis Bey devint le grand maître de la sagesse Atlante selon la théosophie (enseignement du divin).

Ce grand instructeur est un des membres principaux de la fraternité blanche. Ce Chohan qui dirige le 4e rayon sacré blanc a vécu des incarnations célèbres, telles que celles d'un grand prêtre en Atlantide initiateur de l'évolution spirituelle des atlantes, serait originaire de Vénus. Il facilite l'ascension des âmes incarnées grâce à la vibration de l'énergie blanche. On pense qu'il s'incarna, en tant que le pharaon Aménophis III, celui qui a construit le temple de Louxor, lieu où il serait actuellement sur un plan éthérique, il vécut sous Akhénaton IV et aussi comme Léonidas, roi de Sparte.

Grand maître de la pureté et des créations artistiques, il travailla avec les anges pour élaborer la construction des pyramides et de nombreux temples. Ses pouvoirs aident les personnes à se diriger vers l'ascension en les invitant à ressentir l'éveil spirituel. Il accompagne les soins physiques, il motive les êtres à mener une existence harmonieuse et plus saine. C'est un mentor pour tous les créateurs, les artistes qui sont en manque d'inspiration. Pour la paix dans le monde, il faut réclamer son aide et son soutien. En tant que conseiller des soins atlantes, nous pouvons lui demander de retrouver toutes nos capacités et de nous inspirer pour notre mission d'aide aux autres. Si votre âme semble perdue sur le chemin de l'existence terrestre, Sérapis bey allégera vos égarements en vous soutenant dans des périodes de perditions.

En soin holistique, son rayon va éliminer les dépendances, les addictions, les périodes compulsives, en favorisant la perte de poids, il œuvre pour la paix mondiale à l'aide de ses prophéties. Il vous entendra à chaque fois que vous serez perdu ou en recherche d'objectifs. Son rayon blanc apporte la paix intérieure et la plénitude à laquelle vous aspirez. Considérez-le comme un professeur qui va vous inciter à recevoir de l'amour dans l'espoir de vous revaloriser.

El Morya Khan

Ses nombreuses incarnations présentent une grande importance dans l'histoire spirituelle. Sa vie en tant qu'Abraham, ce célèbre patriarche, lui permit de fonder les 12 tribus d'Israël. En tant que Melchior, il aurait vécu comme l'un des 3 rois mages venus d'orient pour bénir la naissance de Jésus. C'est lui qui incarna Arthur, le roi d'Angleterre en convoquant les chevaliers de la Table ronde, afin d'entreprendre la quête du Saint-Graal. Mais on lui prête également l'incarnation de Thomas Becket et Thomas More. Sa dernière incarnation en tant que El Morya semble être la plus célèbre des mahatmas indo-tibétains. Son rayon bleu est le premier des rayons sacrés, associés au chakra gorge, celui de la communication, du pouvoir et de l'ouverture des capacités télépathiques et médiumniques de la volonté divine, des initiatives. Ses qualités représentent le courage, la foi, la fiabilité. Durant ces nombreuses incarnations, sa mission fut tournée vers la foi et le rassemblement des croyances religieuses, il œuvra pour la paix et l'union des peuples sur terre.

Ce guide ascensionné est l'un des maîtres de l'arc-en-ciel qui réunit l'ensemble des 7 rayons sacrés, des plans supérieurs. Son soutien, nous aide à surmonter la peur qui découle du mental inférieur, de l'ego qui nous freine pour réaliser pleinement dans notre mission. Comme il représente le fondateur du Summit Lighthouse, qui se dévoue à la progression de l'humanité

Nous pouvons l'invoquer pour les grandes causes humanitaires et les crises mondiales. Dans la pratique holistique, c'est le maître idéal à consulter pour mettre en place un projet, en l'associant à l'archange Mickaël, vous ouvrirez tous les champs du possible afin d'accomplir vos plans de vie. Ce guide suprême éclairera votre chemin et combattra les discordes et les injustices avec vous, si vous faites appel à son énergie bleue.

Il nous soutient pour surmonter les peurs et les doutes générés par notre ego, tout ce qui nous empêche de faire le premier pas dans l'exécution d'un rêve.

Melchisédech, le prêtre/roi

C'est le plus mystérieux des maîtres ascensionnés ou des archanges, car il ne porte pas d'ailes, son nom signifie « roi de la paix ». Il a vécu plusieurs vies humaines avant de devenir un être céleste. On le reconnaît comme un grand prêtre et ancien roi de Salem (Jérusalem) où il vécut adulé de tous et respecté. Sa force est semblable à celle de Mickaël, mais leurs fonctions diffèrent. Melchisédech œuvre sur des plans supérieurs afin d'aider l'humanité à transformer les sociétés, les états, il enseigne à trouver plus de justice pour les peuples. Melchisédech règne sur les annales akashiques.

Il conduit l'ordre de la lumière dorée qui représente un enseignement ouvert à tous, qui permet l'accès à des niveaux de conscience très très élevés. Son enseignement convient à tous ceux qui demandent son soutien, qui désirent évoluer avec la foi. Sa couleur est le bleu/roi, celle des rois de l'époque, il porte une longue canne en or, son aspect ressemble à celui d'un patriarche doté de cheveux longs et d'une barbe blanche, mais il n'a pas d'ailes. Sa naissance daterait avant celle du Christ, sa mission comporte beaucoup de leçons de sagesse. Il peut délivrer les personnes de leurs anciens karmas, de leurs blessures d'âme. Sa mission semble également de faire respecter les lois divines en instaurant plus de fraternité dans le monde. Il nourrit la terre de ses bienfaits, inspire les chercheurs, les scientifiques.

C'est le maître des thérapies, des cristaux et de la purification des corps subtils. En bon prêtre, il veille sur la mission des anges, sur la réalisation des plans divins. Melchisédech détient un sceau de géométrie sacré, la fleur de vie, tous les enfants indigo et cristal diamant ont été envoyés par lui et Sanat Kumara, afin d'aider l'humanité dans son évolution. Ces enfants sont des êtres très éveillés, clairvoyants, lumineux, ils envoient une vibration d'amour et de lumière merveilleuse, grâce à eux, le visage de l'humanité va changer dans les années à venir, ils sont les acteurs du Nouveau Monde de sagesse.

En soin, l'action sur le chakra du 3e œil peut être demandée à Melchisédech, afin de voir plus clair dans son chemin de vie et non pour forcer l'ouverture, car cela peut s'avérer dangereux. Melchisédech sait comment accompagner les thérapeutes, les coachs de vie, les humanistes, toutes les personnes qui désirent aider les autres dans l'amour inconditionnel. En méditation, vous allez l'invoquer pour accueillir vos capacités, restaurer la confiance en vous, libérer votre manque de légitimité. La peur de rayonner est souvent générée par l'ombre, l'anxiété nous manipule et nous maintient dans un état artificiel de survie. Invoquez Melchisédech, l'archange Zadkiel et la flamme violette pour transmuter le négatif et chasser vos doutes, qui sont nés de croyances erronées.

Je vous invite à vous imprégner de ces merveilleuses énergies des guides de lumière, tous ne seront pas forcément vos guides personnels, certains restent de passage, pour votre apprentissage spirituel, mais vous comprendrez assez vite que ce sont eux, qui se manifesteront à vous à votre demande.

Décret de dégagement avec Mickaël

« Je demande humblement à l'archange Mickaël
d'éloigner toutes les âmes errantes
et entités négatives de mon lieu d'habitation
et de les chasser, de les accompagner dans la lumière.
Que toutes les charges toxiques,
malsaines soient repoussées et dissoutes maintenant,
je demande la purification complète de ma maison
par le rayon bleu sacré, dès à présent. »

Gratitude

Chapitre XIV

Les grilles cristallines

La grille cristalline de la 5e dimension est réveillée depuis 2012, le commencement de l'Ère du verseau, qui symbolise « verser-l'eau » (le début de l'âge d'or). La signification de cette nouvelle étape est très importante, elle évoque un grand nettoyage énergétique par le féminin sacré et l'abolition des anciens dogmes instaurés depuis la nuit des temps. C'est une libération constante que nous envoient les cristaux de l'intraterre, nous sommes influencés et nourris par ces éléments qui deviennent de plus en plus actifs, au fur et à mesure que l'humanité ascensionne vers les plans de lumière.

La physique quantique nous apprend d'une manière précise que la géométrie sacrée existe depuis des millénaires, qu'elle est là, pour réencoder nos systèmes cellulaires ainsi que notre ADN quantique. Ces encodages sacrés qui datent depuis des temps immémoriaux se réveillent et s'activent pour notre élévation spirituelle en 5e dimension. Les grilles cristallines composées de différents entrelacements comme les lignes de Ley comparables à des artères du corps humain, on parle aussi du réseau Hartmann et Curry qui sont des réseaux telluriques électromagnétiques présents sur de nombreux plans terrestres et cosmiques afin de nous permettre d'intégrer au mieux, ces nouvelles montées d'énergies. Pour ce faire, nous devons être très bien préparés et équilibrés, sinon nous risquons de côtoyer de basses fréquences et de nourrir le bas astral, car celui-ci monte ses fréquences aussi. Les anges viennent nous préparer à vivre cette fin de civilisation de la 3e dimension.

L'énergie cristalline actuelle semble réveillée depuis 9 ans, le début d'un cycle nouveau, le verseau (versé-l'eau). Ce changement d'époque nous incite à libérer notre féminin sacré, mais aussi celui de nos ancêtres hommes et femmes, ainsi que toutes les âmes non libérées dans le bas astral. Cette libération constante issue de la puissance tellurique des cristaux de la terre permet l'activation des hautes vibrations qui deviennent de plus en plus fortes. La physique quantique nous explique de manière précise que le but de la géométrie sacrée est de réencoder nos cellules et notre ADN vibratoire. Les grilles constituent un réseau cristallin sous et sur terre qui se diffuse à l'intérieur de notre structure énergétique et subtile, comme des fils électromagnétiques qui alimentent nos 4 corps, le physique, l'émotionnel, le mental et bien sûr ouvre le spirituel.

Ce réseau cosmotellurique contient l'information sacrée du développement de l'humanité, la conscience de toute vie sur terre et dans l'univers. Tout est relié, pour vous connecter à vos mémoires cristallines et aux soins angéliques, vous pouvez invoquer la déesse Isis, que l'on désigne comme la « mère divine », sa compétence semble souvent associée au féminin sacré et aux influences de la Lune.

Ces réseaux cristallins inscrivent des codes dans le cœur de la terre, depuis des millénaires, ainsi que dans les pierres de cristal qui symbolisent l'ADN quantique de Gaïa. Les différents entrecroisements et portails vibratoires présents sur et sous la terre exposent les flux d'énergies vitales de notre planète humaine. Le système de géométrie sacré de l'univers permet l'unification de tous les niveaux de la création, de toutes les galaxies, y compris le système solaire, les planètes, les étoiles et la Source.

Nous allons devoir tous reprogrammer nos codes cellulaires et notre ADN quantique, dans le but de nous aligner aux fréquences de la nouvelle Ère du verseau, cela va se dispenser sur plusieurs années. Ce bouleversement vibratoire ne se fera pas sans une vraie prise de conscience de l'être humain et surtout une remise en question fondamentale de nos comportements destructeurs et irresponsables, surtout vis-à-vis des animaux et de notre mère Nature.

Actuellement, nous traversons des orages énergétiques et telluriques très forts. Ces tsunamis vibratoires se manifestent par des catastrophes climatiques, sanitaires, telles que les ouragans, les tornades, les inondations, les pandémies, je n'ai jamais autant vu de tempêtes et de bouleversements planétaires que depuis quelques décennies. Nous constatons chaque saison que les températures ne correspondent plus du tout au climat que nous connaissions, il y a quelques décennies, mais c'est un phénomène connu des géologues lorsque nous changeons d'ère.

Nombreuses sont les espèces animales en voie de disparition et pourtant certains hommes continuent tranquillement de polluer, de détruire notre environnement vital !

Au début de la création de l'univers, après le Big Bang, la Source avait élaboré un plan équilibré pour que toutes les espèces puissent cohabiter en harmonie afin de préserver l'écosystème et tous les êtres vivants sur la planète. L'ensemble de ce petit peuple devait partager les ressources naturelles et s'entraider dans une parfaite entente. Cela pouvait s'apparenter à l'idée que l'on s'imagine du jardin d'Éden. Faisons confiance à l'univers pour vivre au mieux ces changements vers notre chemin de lumière.

À chaque changement d'ère, le climat se modifie complètement, depuis la formation de la terre, il y a environ 4,6 milliards d'années. L'ensemble des temps géologiques, de la naissance de la terre à nos jours, a été divisé en 4 ères :

1/ l'Ère précambrienne, 2/ l'Ère primaire, 3/ l'Ère secondaire, 4/ l'Ère tertiaire (source Encyclopédie Larousse).

Ces transformations sont dues à plusieurs facteurs, la première vient de l'ère du verseau qui a débuté le 21 décembre 2012, le réveil du cristal des mémoires Atlante, du grand nettoyage de l'univers, toutes ces purifications vont permettre de dissoudre les anciens paradigmes de l'humanité. Tous ces nettoyages planétaires, énergétiques dureront jusqu'en 2022 au moins, selon les messages de mes guides, après la reconstruction se fera avec l'élaboration en douceur de l'âge d'or. Cette mutation présage de la fin d'un monde révolu, pour nous emmener vers un autre plan de conscience, d'amour et de paix, pour notre bien à tous. Soyons heureux de faire partie de cette belle aventure humaine et galactique.

Les scientifiques ont pu constater que l'inversion du champ magnétique terrestre est un phénomène récurrent dans l'histoire de la géobiologie. Le pôle Nord magnétique se déplace vers le pôle Sud géographique et inversement, c'est le résultat d'une perturbation de la stabilité du noyau de la terre (source Wikipédia), ce qui a pour effet un bouleversement climatique important. Les zones chaudes se refroidissent et inversement les zones froides se réchauffent. Nous sommes dans une ère de transformation ce qui implique la destruction de certains sites, programmes climatiques et géologiques, pour aller vers un renouveau plus juste et harmonieux.

Pour accueillir ce nouveau portail, la géométrie sacrée, les gardiens de la terre, les êtres célestes nous apporteront toute l'aide nécessaire, tous les messages reçus en canalisation s'orientent dans ce sens. Les guides de lumières paraissent préoccupés par le comportement destructeur de l'homme, nombreux sont les anges qui arrivent dans notre monde terrestre, afin de protéger l'homme et lui montrer le chemin d'amour, pour notre belle planète.

Les anges n'ont pas vocation à s'incarner, car la matière, la densité de l'incarnation est pénible pour un être céleste qui évolue dans l'éther, dans la fluidité des plans de lumière. Leurs dispositions ne sont pas de venir nous secourir sur terre, mais de nous accompagner depuis les plans célestes, mais au vu de la situation exceptionnelle, la Source et le maître ascensionné Melchisédech, nous envoient depuis quelques années des anges incarnés, mais aussi des enfants connectés, les indigos, les cristal-diamants, les arcs-en-ciel, qui sont des enfants stellaires.

Les puissances célestes leur demandent d'accompagner l'homme depuis 2012. Certains d'entre vous côtoient des anges incarnés, sans le savoir, mais en regardant de plus près, avec votre cœur vous les verrez maintenant. Ces êtres sont purs, altruistes, sans jugement et leurs auras paraissent tellement lumineuses que l'on est attiré, aimantés vers eux, irrésistiblement. Ils dégagent une telle beauté intérieure que l'on aimerait tous leur ressembler.

Tout le monde connaît des personnes rayonnantes, solaires, généreuses, on parle de charisme, de charme attractif, de rayonnement, ces personnes sont sans doute des anges terrestres.

« Les animaux sont les anges de cette terre. »
Proverbe Péruvien

« Ange est le seul mot de la langue qui ne puisse s'user. »
Victor Hugo

Les émissaires protecteurs se nomment les anges, les archanges, les maîtres ascensionnés, mais pas seulement, vous avez aussi le peuple de la mer, des océans, comme les dauphins, les baleines, les orques, les requins, tous ces cétacés sont venus pour accompagner l'homme et l'aider à supporter tous les changements d'ère de Gaïa.

Ces animaux aquatiques sont dotés de puissants capteurs d'énergie cristalline, de fréquences sensitives très développées. Les scientifiques affirment que les dauphins devraient être traités comme des personnes humaines, car ils possèdent une intelligence exceptionnelle. Les dauphins viennent d'être proclamés « espèces animales les plus intelligentes après l'homme » source du site « La Dolphin Connection ». Gilles Delieuze et d'autres médiums se consacrent à canaliser l'enseignement des maîtres Dauphins, afin d'ouvrir une nouvelle voie pour les habitants de la terre. Les animaux ont une âme et des messages de sagesse à nous transmettre, écoutons-les.

Sachant qu'une ère dure environ 2160 ans, à chaque fois c'est un grand bouleversement climatique et humanitaire. Le féminin sacré représente la créativité, la beauté pure, la sensibilité, l'intuition, cette nouvelle dimension va renaître des cendres du passé, d'anciens paradigmes obsolètes, pour laisser la place à une part plus grande à la vie terrestre, pour instruire l'humanisme et l'amour universel.

Cette transformation planétaire est placée sous le signe de l'avènement du 7e rayon, qui lie à la réhabilitation de la terre. Nous allons ressentir une forte accélération des événements, car cette ère se traduit surtout, par le symbole de l'énergie, du vivant.

Au cours de mes formations, je rencontre de plus en plus de personnes qui exercent dans la communication animalière, c'est un espoir immense de voir que l'on ouvre enfin cette voie merveilleuse, pour sauver le règne animal.

Il nous faudra lâcher le mental inférieur, la dualité, l'ego, l'individualisme et le jugement à autrui, pour accéder à ces fréquences sacrées, l'archange Chamuel (rayon rose) peut aider en ce sens. Pour vous centrer au mieux dans cette puissante source spirituelle, je vous invite à vous plonger dans le cube de l'archange Métatron qui contient beaucoup de symboles de géométries sacrées. Cet exercice vous alignera directement sur les résonances des énergies cristallines. Souvenez-vous que le cristal purifie et libère tout ce qui n'est pas en concordance avec les fréquences célestes et qu'il augmente le taux vibratoire de l'être humain.

Placez-vous au centre du dessin, en mettant l'intention de recevoir toutes les activations de l'énergie lumière de la 5e dimension, avec l'accord de vos guides. Ressentez dans votre cœur les messages du sceau sacré, accueillez comme un cadeau cette activation de vos codes de lumière et de votre ADN quantique. Ce sceau sacré contient une puissante énergie de protection et d'activation. Vous prendrez en conscience, ce qui semble juste pour votre éveil personnel, grâce à l'accompagnement de cet archange très proche de la Source et des fréquences de géométrie sacrée.

Soyez votre meilleur guide

Le monde est en train de familiariser avec les connexions angéliques, grâce aux vibrations cristal/adamantines, de la 5e dimension, cela prend du temps, le grand ménage planétaire a débuté, mais à chacun son rythme, pour retrouver sa divinité originelle.

Exercice pour répondre à une question

Mettez la main sur votre cœur, respirez tranquillement et posez votre question, que ressentez-vous ? De la joie, du bien-être ?

Si oui, vous savez que cela est bon pour vous, vos sensations sont joyeuses, douces, dans le cas contraire, la réponse est négative pour votre demande, alors passez à autre chose, cela ne correspond pas à votre chemin.

S'il y a un doute, reposez la question dans quelques jours, peut-être que ce n'est pas le bon moment. Votre cœur connaît intuitivement les réponses qui vous conviennent, mais parfois le mental met son veto. Je préconise toujours de penser comme un enfant, de rester pur dans le cœur, vos choix seront à la hauteur de votre potentiel. Votre âme sait ce qui est aligné pour votre destinée, elle vous guide continuellement, mais souvent on écoute plus notre mental, qui lui ne nous rend pas toujours service.

Depuis quelques mois, il n'est pas rare de voir le chakra racine de couleur rouge, violette, cela se produit, la plupart du temps sur des personnes en éveil ou celles qui œuvrent dans la lumière, plusieurs consœurs thérapeutes me l'on confirmé également.

J'ai demandé aux guides, l'explication de ce phénomène de plus en plus fréquent et c'est l'archange Zadkiel qui m'a transmis la réponse. Au vu des événements récents sur terre, la pandémie, la prise de contrôle sur le peuple, la fin de la 3e dimension. Le temps est venu d'éveiller les consciences, cela constitue la première mission pour les artisans de lumière. L'action de nettoyer les charges sociétales, les mémoires familiales, les égrégores de masses sombres, dans le but d'ascensionner plus facilement avec l'aide du 6e rayon violet de transmutation, fait que notre chakra racine mute lui aussi énergétiquement par sa couleur.

Tout le monde ne pourra pas s'éveiller en même temps, mais cela se fera par paliers vibratoires, selon les prises de conscience et l'effort de chacun.

Décret de connexion aux grilles cristallines

« Je demande humblement à l'archange Métatron
De recevoir ce qui lui semble juste pour mon évolution,
J'accueille avec bonheur et humilité
Les nouvelles fréquences de la géométrie sacrée de l'univers
Je demande l'activation de mes codes sacrés de lumière
Que l'énergie cristalline du divin nourrisse
tous mes corps subtils
J'accepte mes nouveaux codes d'ascension
Que ceci se réalise, aujourd'hui,
pour mon bien et celui de l'univers »

Gratitude

Vous devez considérer que votre demande est juste, en accord avec votre conscience que cela vous fait vibrer, restez purs et confiants. Entraînez-vous avec des affirmations simples, envoyez un message à vos guides et laissez-faire. Les êtres de lumière clarifieront la bonne dose d'énergie pour votre évolution, ils agiront comme des filtres bienveillants. Les personnes qui ont vécu des expériences du bas astral, souvent l'on bien cherché, comme forcer l'ouverture du 3e œil seul, pratiquer le Ouija, ou invoquer les esprits, sans précaution, sans médium compétent, ces gens n'étaient pas prêts, ni accompagnés par les forces de lumière, leur ego les a leurrés dans cette voie sombre, souvent par curiosité, pour s'amuser, mais il ne faut jouer avec les énergies, cela n'est pas anodin. Il faut toujours demander l'accord des êtres de lumières pour pratiquer un soin et l'autorisation du consultant.

La présence des anges à vos côtés se ressent par une vague de douceur, de réconfort, la sensation d'être avec un ami, cela fait toute la différence avec des forces obscures et malveillantes. Il n'y a aucun ordre ni injonction de leur part. Si votre intuition est affinée, vous sentirez rapidement la différence d'énergie entre les deux.

Anecdote personnelle

« Je pratiquais un soin à distance, sur photo pour une dame âgée, qui venait de perdre son mari. Le chagrin de cette gentille dame était palpable, elle pleurait beaucoup et retenait son conjoint dans des états intermédiaires. À l'époque, je ne voulais pas faire de passage d'âmes, même si on me le demandait et que les guides m'envoyaient plein de signes à ce sujet. Mais en bonne Bretonne que je suis, je refusais de le pratiquer!

À la fin de la séance, ayant bien effectué mon travail de nettoyage et de purification karmique, je me sentis plombée, comme tirer vers le bas. Mon taux énergétique était redescendu trop vite et dans les limites de l'épuisement, je compris tout de suite qu'il y avait un souci. En appelant mon passeur d'âme, il put voir que j'avais attrapé le défunt dans mon corps éthérique.

Normal, il avait senti mon énergie de lumière et profité de l'aubaine en pensant que j'allais l'aider à remonter vers les plans de lumière!

Voilà la leçon que j'ai apprise avec les guides, quand c'est ta mission, tu l'accueilles, sinon on t'envoie des épreuves à répétition, pour que tu les comprennes. »

Décret de libération

« J'invoque les archanges Uriel et Zadkiel
Afin qu'ils purifient mes corps physiques,
énergétiques et subtils, ainsi que mon aura
Qu'ils libèrent toutes mes peurs définitivement,
qu'ils purifient mon âme,
Je demande des grâces angéliques
à chaque instant de ma vie,
Que ceci se réalise pour mon bien, ici et maintenant
et pour l'éternité. »

Gr âce infinie

Anecdote personnelle

« Au cours d'une méditation, je discutais avec mes anges, mes guides sans trop appeler qui que ce soit de précis. J'étais détendue, au calme, dans ma boutique. J'ouvrais mon cœur et en dialoguant avec ces êtres célestes, je vis 3 personnages apparaître devant moi très clairement. Je précise que je ne dormais pas, mais étant en méditation profonde, je ressentais tout autour de moi, je ne perdais pas le contrôle, simplement mon taux vibratoire passait à un niveau supérieur et se connectait aux vibrations angéliques.

Donc, je vis devant moi, 3 êtres célestes magnifiques, que je reconnus immédiatement, à ma gauche, Sananda, au centre Maître Saint-Germain et à droite Mickaël. Ils ne parlent pas, me regardent avec douceur, se positionnent légèrement à ma droite, je pus voir précisément les traits de leurs visages, leurs vêtements, les couleurs de leurs auras plutôt blanches et violettes. Ils flottaient dans une grande bulle blanche protectrice, je perçus beaucoup de couleurs, du rose, de l'or et cela dura quelques secondes, puis ils sont partis sans dire un mot, en remontant doucement vers le plafond de la pièce.

À cette époque, j'étais en plein éveil, je pense qu'ils voulaient que je sache qu'ils étaient mes conseillers spirituels et me montrer la voie à suivre pour mieux canaliser ma mission.

« L'amour est une lumière venue du ciel,
une étincelle du feu immortel que les anges partagent. »

Lord Byron

Chapitre XV

Les pièges de l'ombre sur l'humain

Comment nettoyer les charges négatives ?

La canalisation avec les guides me paraît très utile en soin, mais il faut être prêt à accepter ces ouvertures de canaux avec ces conséquences, si l'on veut essentiellement capter les bonnes énergies. Sans une certaine expérience, sans un bon ressenti et une solide protection journalière, vous pouvez être la proie facile d'âmes errantes mal intentionnées.

Une entité est une forme d'énergie positive si on parle des anges, ou négative si on parle des âmes errantes qui sont des défunts perdus entre 2 plans vibratoires du bas astral. Ces entités toxiques existent depuis la nuit des temps, c'est au niveau de l'intraterre qu'ils survivent, ils ne possèdent pas d'aura, pas de lumière et donc pour survivre ils doivent parasiter un être vivant. Ils se nourrissent aussi par les peurs, les maladies, les deuils et les fausses croyances des humains.

La meilleure façon de les contrer, c'est de ne pas leur donner vie, de ne pas en avoir peur et surtout de s'entourer énergétiquement de lumière dans tous nos corps. Les égrégores sont des formes pensées que l'on crée avec notre mental inférieur, notre ego, nos croyances limitantes, plus on les alimente, plus elles grossissent et deviennent réelles. La société, l'éducation apportent des informations qui engendrent le manque, la peur, l'exclusion, tout cela forme des égrégores dans la couche éthérique et elles pénètrent dans le corps physique en provoquant la maladie, si l'on ne fait rien. Nous devenons petit à petit, nos propres saboteurs en nous polluant l'esprit avec des sentiments d'anxiétés, de doutes et des pensées parasites.

Avant chaque soin, ou dès que vous sortez de votre maison, demandez la protection de Mickaël autour de vous, cela vous évitera d'attraper des charges négatives ou bas astral pendant la séance. Je préconise de placer une sphère de lumière or dans toute la pièce du thérapeute afin d'être en contact avec les hautes fréquences, mais aussi de bénéficier de la plus puissante assistance avec l'énergie or de la Source.

Exercice de protection

1/ Visualisez une immense pyramide de quartz rose, devant vous.

2/ Entrez à l'intérieur, sentez une belle énergie d'amour et de sérénité.

3/ Allongez-vous sur le sol, invoquez Marie et l'archange Chamuel.

4/ Demandez au rayon rose de pénétrer dans votre couche aurique, puis à l'intérieur de tous vos chakras.

5/ Vous baignez entièrement dans la vibration de l'amour universel de la Source.

6/ Demandez aux êtres de lumière d'être protégé en permanence pour toutes vos actions au quotidien et remerciez-les.

Décret de protection

« Je demande une protection permanente
et bienveillante de la Source,
Que toutes mes actions soient bénies et guidées.
Que ceci se réalise maintenant pour mon bien
et celui de l'univers. »

Gratitude

Pour ouvrir votre canal, être un médium averti, il faut que le moment soit choisi par les plans divins. Il s'ensuit après, un long travail de nettoyage et d'introspection karmique. N'oubliez pas que l'ombre se nourrit de la lumière, mais la lumière n'a pas besoin de l'ombre pour rayonner. Si votre âme n'a pas gravi tous les chœurs de l'arbre Séphirotique, vous risquez d'aller trop vite dans votre développement personnel et oublier certaines étapes cruciales.

Le chemin de l'éveil comporte différents niveaux : des phases de libération personnelle, parfois aussi de doutes existentiels ; des périodes de dépression accompagnées de remises en question. Ces paliers que nous devons franchir sont nécessaires, dans le but de nettoyer nos mémoires limitantes, couper les liens toxiques d'une partie de nos anciens karmas, pour en finalité accomplir pleinement notre mission d'âme.

Le travail sur soi indique une prise de conscience importante, chacun d'entre nous doit se responsabiliser et pratiquer des entretiens réguliers de son corps physique et énergétique. Vous pouvez commencer par des techniques simples, voir mon livre *La divine énergie* dans lequel, j'explique clairement quelques méthodes accessibles pour réaliser de bons autosoins et plus encore.

La base reste l'ancrage, le nettoyage et l'alignement des chakras que nous devons absolument pratiquer quotidiennement, pour passer une bonne journée et être équilibré.

Avec les fortes poussées d'énergie de la 5e dimension, la plupart des personnes que je reçois en soin paraissent fatiguées, chamboulées régulièrement et c'est tout à fait normal, il suffit, de bien travailler notre enracinement à Gaïa et nous sentirons très vite une nette amélioration.

C'est la lumière qui s'éveille en nous, pas l'inverse, tout vient de l'intérieur, elle s'épanouira, lorsque nous serons prêts à l'accueillir. Nous venons tous de la même Source, chacun de nous, porte en soi, une énergie de création, nos pensées agissent sur tous nos centres vitaux, produisant ainsi des effets désirés ou non.

Invoquez le rayon sacré qui correspond à votre souci, voyez-le comme un faisceau laser qui obéit à votre souhait. Ne doutez jamais, lorsque vous requérez une assistance divine, la confiance que vous accordez aux énergies célestes et à vous-même fait partie intrinsèque du processus d'activation.

Les soins karmiques associés aux qualités des anges aident à épurer tous les centres énergétiques et subtils qui contiennent des lourdeurs, des parasites astraux, des charges du bas astral. Les meilleurs nettoyages d'âmes errantes et de résidus karmiques se réalisent avec l'assistance de Zadkiel, Saint-Germain, Mickaël, Jophiel et Azraël. Il y a d'autres archanges ou maîtres ascensionnés que vous pouvez invoquer pour dégager des égrégores négatifs, sortilège et magie noire…

Il faut que la vibration angélique résonne dans votre âme, certaines forces du bas astral peuvent prendre l'image d'un archange ou bien d'un de vos guides, pour vous leurrer quelque temps. Faites fonctionner votre discernement, votre intuition, ne vous inquiétez pas, si cette présence vous paraît négative, autoritaire, pesante, demandez-lui de dégager au plus vite. Vous pouvez imaginer une coque éthérique blanche autour de vous bien fermée et vous demandez à ne laisser rentrer que les énergies positives.

Je vous partage ce décret, qui fonctionne à merveille, pour vous aider à vous libérer du bas astral, des entités et autres pollutions démoniaques.

Décret de purification

« À partir de maintenant, que toutes pensées, paroles,
actes ou gestes malveillants, toxiques émis contre moi
par qui que ce soit,
retournent à son expéditeur dans la lumière.
Que tous les égrégores, formes pensées négatives,
entités du bas astral, âmes errantes, miasmes, parasites,
sangsues, larves soient dissous et désintégrées.
Que tous mes corps subtils soient définitivement nettoyés
et purifiés par la lumière blanche, violette et or,
avec l'aide et la puissance des archanges
Métatron et Zadkiel. »

Gratitude

Nettoyez rapidement vos lourdeurs et vos soucis avec l'archange Zadkiel (rayon violet chakra couronne) associé à Jophiel (plexus solaire, rayon jaune et rose), n'attendez pas d'être au plus bas niveau d'énergie !

Pour votre bien-être, je vous conseille de faire la flamme violette chaque soir, au coucher. Sa puissante énergie salvatrice va nettoyer rapidement votre corps éthérique de toutes les contaminations de votre journée (voir ma méditation de la flamme violette) sur YouTube©, ma chaîne énergie soins divins. Pratiquez cette merveilleuse demande avec Maître Saint Germain, avant le coucher, cela nettoiera toute votre aura, des pollutions, égrégores que vous avez pu accumuler.

En procédant au nettoyage de votre 2e couche aurique (l'éthérique), cela évitera que ces formes pensées parasites viennent s'infiltrer dans votre corps physique, ce qui peut entraîner des symptômes de mal-être.

Le sommeil sera paisible et léger grâce à cette purification énergétique simple et tellement salvatrice.

Mon décret de la flamme violette

« J'appelle humblement la flamme violette
et Saint-Germain
Afin qu'ils purifient tous mes corps énergie,
Que cette action de transmutation,
de purification, de libération
et de compassion se déroule aujourd'hui et maintenant
Et je remercie la flamme violette et Saint-Germain
Pour cette action de transmutation, de purification,
de libération et de compassion. »

Grâce infinie

« L'âme est éternelle, seul le corps physique meurt ».

Cette technique du verre d'eau fonctionne très bien avec différentes intentions, soit pour dissoudre un problème récurrent, d'anciens liens qui vous embêtent, libérer une mémoire douloureuse du passé, soit pour demander une sollicitation pour vous ou autrui, toujours dans la bienveillance.

Exercice du verre d'eau

Prenez une feuille de papier, inscrivez une phrase qui concerne votre problème actuel.

Par exemple, « je désire libérer tous mes liens toxiques avec ma famille, aujourd'hui ».

Ensuite, vous remplissez un verre d'eau et vous le placez sur votre feuille, laissez agir 24 heures, parfois je le laisse 48 h, si le problème est récurrent.

À la fin de ce délai, vous brûlez le papier et jetez l'eau à l'extérieur ou dans les toilettes, pour ceux qui vivent en appartement.

Cette méthode fonctionne merveilleusement bien, je l'ai testée plusieurs fois, cela soulage rapidement votre mental, vos problèmes existentiels entre autres.

Exercice de libération

La douche énergétique comporte plein d'avantages, vous nettoyez vos 4 corps, le physique, l'émotionnel, le mental et le spirituel, ensuite vous purifiez vos chakras et votre aura en même temps, pour les personnes pressées c'est l'idéal !

Visualisez que vous êtes dans votre douche et que l'eau coule sur votre tête et mouille tout votre corps physique, jusqu'à vos pieds, ensuite vous voyez comme de la boue, de la poussière noire qui sort par vos chakras, votre aura et qui s'écoule dans le siphon.

Sentez, comme cette pluie bienfaisante nettoie et libère vos tensions, toutes ces charges glissent sur votre peau et disparaissent dans la terre qui les transmute en lumière pure.

Vous pouvez effectuer cet exercice chez vous, au bureau ou sous la vraie douche, peu importe, le principe est de vous débarrasser des lourdeurs, contenues dans votre corps éthérique et dans vos chakras.

Décret de protection pour les thérapeutes

« Je demande une protection permanente et bienveillante
pour tous les soins que je vais pratiquer aujourd'hui,
je demande la cape bleue de Mickaël
pour moi et mes consultants,
qu'elle éloigne les égrégores et les entités négatives,
qu'elle dure tout le temps du soin,
que ceci se réalise maintenant
pour mon bien celui des autres et de l'univers. »

Grâce infinie

Nous avons tous un karma transgénérationnel à nettoyer, des mémoires collectives à épurer, si l'on désire avancer dans notre chemin d'éveil. Il faut alléger nos chroniques familiales et ne plus porter ce que ne nous appartient pas. La matrice génétique renferme toutes les expériences de nos ancêtres, que nous subissons tous ! Il est temps de couper ces liens énergivores et de libérer vos familles et vous-même, maintenant. Nous évoluons tous et toutes vers une nouvelle Ère de cristal/diamant, ces fréquences célestes émanent de la Source directement vers notre chakra cœur afin de nous apprendre l'autoguérison, les chirurgies de lumière, les soins quantiques, l'éveil du féminin sacré.

Maintenant, ouvrons tous ensemble, ce grand livre rempli de cette prescience millénaire qui détient ce merveilleux savoir universel.

Ce qui nous empêche d'être en bonne santé au quotidien :

- Pensées négatives
- Mémoires limitantes
- Environnement toxique
- Mauvaise alimentation
- Fatigue, dépression
- Stress, soucis
- Peurs, blocages
- Deuil, chagrin
- Instabilité émotionnelle
- Manque d'abondance
- Maladie, solitude
- Manque d'amour
- Famille énergivore

Le savoir et la sagesse des anciens peuples

Leurs rituels qui existent depuis la nuit des temps, les Sumériens les Atlantes, les Égyptiens, les Mayas, les pratiquaient aussi. Nous conservons précieusement, depuis des millénaires, ces recettes de bien-être et de bon sens, à nous de les restaurer.

Ils nous prouvent beaucoup de savoir-faire, de révélations importantes, que nous devons mettre à profit, dès à présent, pour aller mieux. Les anciennes tablettes sumériennes retrouvées au cours de fouilles archéologiques à Nippur en Mésopotamie centrale le démontrent bien. Cette civilisation serait à ce jour, la plus ancienne que l'on connaisse, l'histoire de la pharmacie des Sumer daterait du IIIe millénaire avant Jésus-Christ. Ces tablettes d'argile longues de 16 cm étaient gravées avec des bâtonnets de roseau, des archéologues ont pu les traduire et lire des prescriptions médicinales de l'époque. Ils se soignaient avec des substances minérales, comme le sel, le salpêtre, l'argile de la rivière et des matières animales, tels que du lait, des peaux de serpent, des écailles de tortue, mais également des produits végétaux comme le myrte, le thym, le saule, le figuier, le palmier dattier...

Ils connaissaient à l'époque la naturopathie, l'herboristerie, l'homéopathie, ces pratiques naturelles, qui permettaient à ces peuples de se soigner, de rester en bonne santé. Parmi les plus connues de ces antiques traditions de médications, on reconnaît les thérapies esséniennes qui sont une approche des soins holistiques. Ces soins naturels, se pratiquaient couramment chez les Égyptiens à l'époque des pharaons puis perpétués par les esséniens, dont le plus célèbre reste Sananda (Jésus).

Les futurs guérisseurs apprenaient cet enseignement pendant plusieurs années, pour pouvoir exercer cette technique de guérison, basée sur le corps dans son ensemble, plus que sur les symptômes. Les esséniens ne considéraient pas la maladie comme une ennemie, mais comme un signal d'alerte pour indiquer qu'il y avait une discordance à plusieurs niveaux de l'être, tels que l'énergie vitale, les corps physiques ou subtils. Ils ne traitaient pas les signes, mais le terrain.

À cette époque Sananda se déplaçait de village en village avec ses disciples, pour soulager, aider les plus pauvres. Étant une ancienne essénienne, je reçois souvent des images akashiques de cette épopée, où je me formais à guérir, à apaiser les symptômes avec l'aide des baumes, des onguents, comme remerciements nous recevions le gîte et le couvert de la part des villageois. Sananda fut un grand sage guérisseur très respecté et aimé en ce temps-là, ses connaissances et ses dons de magnétiseur firent des miracles. Pour pratiquer ces thérapies esséniennes à notre époque, il faut enlever les vœux de pauvreté, sinon vous ne gagnerez pas ou peu d'argent, ces égrégores de dénuement ont parfois la vie dure ! Invoquez l'archange Barakiel associé à Uriel pour faire prospérer votre cabinet ou vos affaires.

Anecdote personnelle

« Je devais aider une personne à nettoyer sa maison, car elle désirait la vendre au plus vite, mais rien ne se passait comme elle le souhaitait. Elle avait acheté un terrain et voulait faire construire une autre propriété avec son mari. En commençant la purification du site, en visualisation avec Maître Saint-Germain, je fis la rencontre des gardiens des lieux. Sachez qu'il existe toujours des entités positives ou non, qui veillent sur votre habitation. Ces personnages étaient postés devant l'entrée de la demeure. Je fis la connaissance d'un homme grand aux cheveux blonds portant une tunique bleue et à ses côtés, une femme brune, vêtue d'une longue robe blanche. Je ressentais une forte énergie d'amour de leur part, une communication télépathique s'engagea entre nous. Ils me dirent qu'ils préservaient les lieux et qu'ils aimaient les personnes qui vivaient ici et qu'ils souhaitaient qu'ils restent dans leur maison.

Après avoir installé mentalement une coque de protection autour du terrain et de l'habitation et fait le nettoyage des pièces, j'informai le couple de la situation et leur dis qu'ils pouvaient désormais la vendre, mais qu'il fallait envoyer de l'amour à leurs guides et les remercier pour leur protection. Quelque temps après, la propriétaire me rappela pour me dire que finalement, après réflexion, ils appréciaient tellement leur maison et se sentaient si bien chez eux, qu'ils ne souhaitaient plus la vendre. »

Cette expérience m'a appris que l'on ne sait pas toujours ce qui est bon pour nous : la présence de ces gardiens, leurs énergies ont mis en évidence que lorsqu'on écoute son cœur, on ne se trompe jamais.

« Toi, l'ange près de moi, sois à mon écoute,
sois mon meilleur ami. »

8 Techniques de protection

1/ Passez de la sauge blanche dans toute votre maison une fois par mois, puis ouvrez les fenêtres pour évacuer les résidus.

2/ Mettez du gros sel aux 4 coins des pièces dans un petit pot en verre pendant 1 mois, puis jetez-le dehors.

3/ Pour nettoyer les charges dans une pièce, remplissez du gros sel dans un pot en verre à moitié, puis ajoutez de l'eau et laissez un bord libre de 1 centimètre. Si le sel déborde et se cristallise, c'est la preuve que l'endroit était pollué, jetez le tout hors de votre habitation.

4/ L'encens Nag Champa, ou benjoin fabriqué par les moines tibétains et les bâtons de Palo Santo à faire brûler chaque semaine sur vous et dans votre pièce de travail.

5/ Pratiquez le décret de la flamme violette (voir p. 172) chaque soir pour nettoyer votre corps éthérique.

6/ Visualisez une sphère de lumière blanche très grande tout autour de votre maison, le terrain y compris, ou de votre appartement afin d'écarter les visiteurs toxiques et les entités négatives, placez au centre un tube ouvert en direction du ciel, pour évacuer les charges. Vous pouvez inclure un rayon or pour la lumière et rose pour l'amour, autour de la sphère.

7/ Placez la photo du cube de Métatron sur votre bureau et sur la table de soins ou dans votre voiture pour la protection divine.

8/ Après chaque soin, avec vos mains éthériques, enlevez les énergies stagnantes du soin, faites comme si vous enleviez un voile épais de vos bras et de vos mains. Donnez cette substance à Gaïa pour être transmuté.

Exercice pour purifier des liens toxiques avec une personne

1/ Prenez une feuille de papier, inscrivez le nom, le prénom de la personne.

2/ Ensuite, faites une demande très précise à l'univers pour couper ou apaiser les liens de ce conflit.

3/ Demandez à purifier la relation, pour votre bien à tous les 2, toujours dans la bienveillance.

4/ Si la relation est toxique, demandez à l'archange Mickaël de couper définitivement tous les liens avec la personne.

5/ Envoyez de la paix et de la lumière à la personne, car on ne nourrit pas l'ombre, seule la lumière apaise les relations difficiles.

6/ Brûlez la lettre à l'extérieur de votre habitation et demandez à l'archange Gabriel d'exaucer votre prière, maintenant.

À Présent, faites leur confiance, les êtres de lumière vont réaliser votre demande.

CONCLUSION

En découvrant cette merveilleuse énergie angélique, vous venez de contacter vos meilleurs amis.

Le dialogue commence aujourd'hui entre vous, jamais il ne cessera, car ce lien d'amour fait partie de votre matrice originelle.

Les êtres de lumière vont vous guider pas à pas vers un avenir plus éblouissant, en pratiquant les décrets, les exercices au quotidien, vous transformerez votre existence vers une voie d'éveil infinie.

En ayant activé vos ailes et vos chakras angéliques au niveau de votre corps éthérique, vous commencez à ressentir fortement cet appel intérieur, ce besoin de retrouver cette pureté d'être vous, en pleine conscience.

Notre monde a mis trop longtemps de côté, tous ces merveilleux messagers ailés, le temps est venu de nous reconnecter à cette essence divine qui vibre au plus profond de notre âme.

Grâce infinie aux êtres de lumière qui nous soutiennent avec amour et nous enveloppent avec leurs ailes réconfortantes, en allégeant le chemin de nos vies terrestres. Si nous faisons confiance à l'univers, si nous ressentons la paix dans notre cœur, les anges viendront nous ouvrir la porte des plans angéliques.

Entendez le son du mot « **Ange** », sa vibration à elle seule suffit à élever nos fréquences célestes. En fermant les yeux, en invoquant leur présence à nos côtés, le miracle se produit dès maintenant, sans aucune condition, ni requête de leur part.

Nous éprouvons désormais le besoin d'être purifiés, allégés de nos poids karmiques. Tous ensemble, les enfants de Gaïa, les guerriers de lumière, nous allons instaurer le Nouveau Monde de l'âge d'or. Dès à présent, les Chohans, les archanges, les anges, les déités, les guides nous appellent à unir nos efforts, à élaborer dans l'harmonie ce grand changement spirituel.

Nous détenons la clé de ce merveilleux royaume en nous, ouvrons cette porte sacrée, communiquons ce lumineux message à nos frères et sœurs d'âme, car nous sommes tous l'ange de quelqu'un pour la Source.

Bonne initiation à tous.

L'ange vit en toi

L'ange vit en moi

Namasté

Nelly Casadei

GLOSSAIRE

Annales Akashiques : dimension située dans l'éther, où sont enregistrées toutes nos vies antérieures.

Âme errante : c'est l'âme d'un défunt qui n'a pas pu ou voulu remonter vers sa famille d'âme.

Aura : contient 7 couches auriques issues de nos 7 principaux chakras.

Bas astral : le plan astral le plus bas où survivent des énergies lourdes (entités négatives) et polluantes.

Bodhisattva : être très éveillé, de futur bouddha.

Bovis : l'unité Bovis mesure le taux vibratoire à l'aide d'une planche graduée.

Canalisation : faculté spirituelle permettant de capter et recevoir des messages des êtres supérieurs.

Clairaudience : capacité d'entendre par le canal auditif des messages divins.

Clair ressenti : capacité de ressentir les différentes vibrations des guides.

Clairvoyance : capacité de voir et de lire les messages par le 3e œil.

Chromothérapie : technique des soins par la projection des couleurs sur le corps.

Cosmotellurique : énergie qui émane de la terre (tellurique) et du ciel (cosmos).

Curry : réseau tellurique électromagnétique présent sur de nombreux plans terrestres et cosmiques.

Dharma : l'enseignement de l'âme, la finalité pour atteindre le 7e plan de conscience.

Dimension : concept de niveaux d'énergie planétaire.

Ectoplasmique : substance blanchâtre, de forme éthérée créée par un amas d'énergie (revenants) ou des transes médiumniques.

Égrégore : forme-pensée que l'on crée avec notre mental inférieur, notre ego, nos croyances limitantes. Plus on les nourrit, plus elles grossissent.

Élémentaux : petit peuple de la nature. On récence 13 esprits élémentaires vibrant dans une dimension différente mais proche de nous sur Terre.

E.M.I. : expérience de mort imminente, ceux qui sont revenus de la mort.

Enfants connectés : enfants stellaires (indigos, starseeds, cristal-diamants, arc-en-ciel). Certaines âmes choisissent des handicaps, des maladies graves pour éveiller les consciences, leur famille, la société. Ils ne sont pas ancrés et se connectent en permanence aux plans supérieurs.

Ère du verseau : Gaïa change de cycle vibratoire tous les 26 000 ans environ.

Éthérique (corps) : il constitue la 2e couche de l'aura, c'est un de nos corps subtils.

Étoile de l'âme : notre 8e chakra qui représente la porte des vibrations angéliques, situé au-dessus du chakra coronal.

Feng-shui : art millénaire chinois qui consiste à rétablir, harmoniser une bonne énergie dans un lieu.

Flammes/rayons sacrés : la flamme sacrée (cosmique) diffuse de l'énergie vitale supérieure en puissance aux rayons sacrés. Chacune de leurs couleurs a une mission précise. Les rayons sacrés sont détenus par des maîtres ascensionnés puis diffusés par un archange référent. Leurs vertus sont souvent curatives et libératrices.

Gaïa/Urancia : le non de notre terre/mère divine.

Hartmann : réseau tellurique électromagnétique présent sur de nombreux plans terrestres et cosmiques.

Heures doubles : un message de vos anges, exemple : 11h11, 21h21.

Heures miroirs : un message de vos anges, exemple : 13h31, 10h01.

Lemniscate : symbole du signe de l'infini et de l'abondance de toutes choses, mais aussi de l'ouverture de la communication angélique.

Ley (les lignes de Ley) : ces principaux réseaux telluriques qui parcourent la terre de manière sinusoïdale, comparable à des artères dans le corps humain.

Luminothérapie : méthode de soins holistique qui consiste à s'exposer à une lumière blanche artificielle imitant celle du soleil.

Kapalabhati : technique de respiration de feu pratiquée en yoga, pour améliorer le système respiratoire et les muscles.

Karma ou cycle d'évolution karmique : correspond aux étapes de nos vies passées, qui sont imprimées dans tous nos champs énergétiques (bibliothèque akashique) et dans la mémoire de notre âme.

Kundalini : terme sanscrit qui désigne une puissante montée d'énergie depuis le chakra racine jusqu'au chakra coronal.

Langage des « oiseaux » : dialecte des trouvères, qui étaient les conteurs du Moyen Âge. Les mots sont découpés pour apercevoir un sens caché. Exemple : apercevoir = percé pour voir. Ces codes ont été largement utilisés par les alchimistes.

Mahatma : nom spirituel des chefs en Inde (Mahatma Gandhi).

Matrice : moule, forme de toile géante, réceptacle qui enferme les gens en leur faisant croire que ce qu'ils vivent est réel.

Métaphysique : science philosophique qui étudie rationnellement la connaissance, de l'être de l'esprit, des causes de l'univers.

Nirvana : idéologie hindouiste qui tend à atteindre un but ultime de l'extase spirituelle.

Orbes : petit cercle blanc transparent rempli d'énergie qui circule autour de nous parfois.

Ouija : planche en bois, marquée de oui et non, utilisée en séance d'ésotérisme, pour appeler des défunts.

7 plans de conscience (les) : l'élévation du niveau de conscience de l'être humain doit comporter au minimum 7 étapes à franchir, afin que son âme retourne vers les plans de lumière.

Prana : énergie vitale, appelée aussi le chi.

Pranayama : discipline énergétique du souffle par le nez et le ventre en yoga, en méditation.

Saint-Graal: objet mystique de la légende du roi Artur et des chevaliers de la table ronde. La recherche du Graal constitue une quête spirituelle et existentielle.

Shamballa: lieu mythique, situé sur un plan éthérique vers le plateau himalayen, près du désert de Gobi. Centre de communication, de renseignement spirituel pour la fraternité de la lumière blanche, des archanges et de leurs rayons sacrés et des maîtres ascensionnés.

Source: l'univers, le divin, le grand tout cosmique.

Stargate: portail des étoiles qui accueille la renaissance du peuple de l'Atlantide.

Subtil, corps: nous avons 4 corps subtils en soins: le physique, l'émotionnel, le mental, le spirituel qui sont associés à nos chakras et notre aura.

Subtil, couche: nous avons 7 couches subtiles issues de l'énergie de nos 7 chakras et qui forment notre aura.

Summit lighthouse: mouvement New-Age crée en 1958 à Washington par Elizabeth Clare prophet.

Supraconscience: sous-entend une union parfaite entre le conscient et l'inconscient, comme une véritable conscience supérieure.

Télékinésie: mouvement spontané d'objet sans l'intervention physique, seulement par la force de la pensée.

Télépathie: communication intuitive par la pensée.

Tellurique: l'énergie qui vient de la Terre.

Théosophie: doctrine ésotérique basée sur l'illumination de l'être et la communion avec le divin.

Transgénérationnel: par-delà des générations, le lien de continuité avec nos ancêtres.

Transverbération: phénomène mystique relevant de la tradition de certains saints catholiques comme sainte Thérèse qui avait une blessure à la poitrine (transpercer le cœur).

Voyage astral: capacité de se déplacer subtilement avec son corps astral (3e couche aurique).

Wesak: célébration spirituelle en lien avec le jour de la pleine lune de mai, car c'est le jour ou Bouddha a atteint l'illumination. C'est la rencontre des énergies lunaires et bouddhiques.

BIBLIOGRAPHIE

FLANSBERRY, Joane, *La bible des Anges*, J'ai Lu, 2013.

VIRTUE, Doreen, *Archanges et Maîtres Ascensionnés*, J'ai Lu, 2015.

RAVEN, Hazel, *La bible des Anges*, Trédaniel La Maisnie, 2021.

LABONTÉ, Marie Lise, *Maître de ses chakras, maître de sa vie*, Dauphin Blanc, 2005.

HAY, Louise, *Transformez votre vie*, Marabout, 2019.

DYER, Wayne, *Le pouvoir de l'intention*, J'ai Lu, 2006.

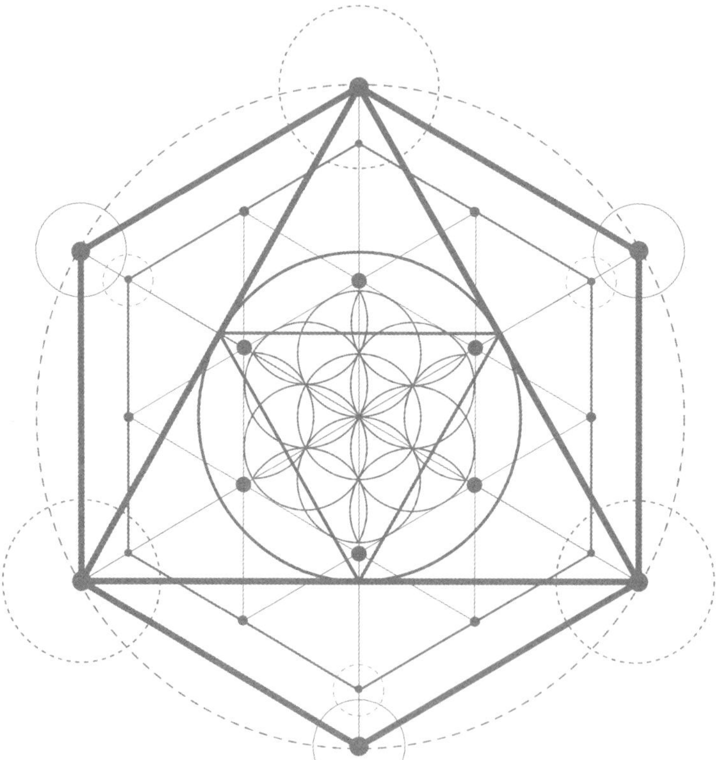

TABLE DES MATIÈRES

Une immense Gratitude 5

Avant-propos 7

Introduction & présentation 9

Vos amis les Anges 9

Chapitre I – « Vos amis les anges » 15

Histoire et légendes des anges 17

Hiérarchie angélique 23

Le premier niveau vibratoire concerne les guides (les défunts) 23

Le deuxième niveau vibratoire concerne les anges 24

Le troisième niveau vibratoire concerne les archanges 25

Le quatrième niveau vibratoire concerne les maîtres ascensionnés 25

Résumé de la hiérarchie céleste, dans l'ordre du niveau vibratoire 26

Signification des couleurs des plumes 27

Les 3 anges titulaires 28

1/ L'ange physique 28

2/ L'ange du cœur 29

3/ L'ange spirituel 30

Les décrets 30

Chapitre II – Les différentes fonctions des anges 31

Description 31

Chapitre III – L'ancrage et le centrage 39

L'ancrage et le centrage 39

L'utilité de l'ancrage pour se connecter aux plans angéliques 39

Exercice d'ancrage et de connexion à la Source 41

Décret d'ancrage et de connexion à la Source 42
Chapitre IV – Activation des fréquences angéliques 43
Comment contacter les anges ? 43
Décret d'abondance 45
Les 5 exercices pour ouvrir mon canal angélique 45
La puissance de l'eau 47
En résumé pour me connecter aux fréquences angéliques 48
Décret de connexion angélique 48
Essayez ces exercices en vous amusant 48
Comment se connecter à la fréquence angélique ? 49
Chapitre V – Comment activer mes ailes et mes chakras angéliques ? 53
Exercice de préparation pour les chakras et les ailes angéliques 55
Décret des chakras angéliques 56
Décret d'activation des ailes angéliques 56
Chapitre VI – Les bienfaits des soins angéliques 59
Les bienfaits des soins angéliques 62
Comment savoir si le message vient du mental ou des anges ? 63
Décret pour mon ange 65
Chapitre VII – L'étoile de l'âme 67
Exercice d'activation du 8e chakra 72
Décret d'activation de l'étoile de l'âme 73
Chapitre VIII – Les anges atlantes 77
Les épreuves de l'âme 80
Tableau des Anges 82
Chapitre IX – L'arbre Séphirotique 83
Les 9 chœurs de l'arbre Séphirotique 86
La maison des Séraphins 86
La maison des Chérubins 86
La maison des Trônes 87
La maison des Dominations 87
La maison des Puissances 88
La maison des Vertus 88
La maison des Principautés 88
La maison des archanges 89
Les anges 89

Tableau des 9 cœurs de l'arbre 90
Tableau du cœur des Séraphins 90
Les 8 anges référents 90
1/ Le cœur des Séraphins (du 21 mars au 30 avril) 90
Tableau des Chérubins 91
Les 8 anges référents 91
2/ Le chœur des Chérubins (du 1er mai au 10 juin) 91
Tableau des Trônes 92
Les 8 anges référents 92
3/ Le chœur des Trônes (du 11 juin au 22 juillet) 92
Tableau des Dominations 93
Les 8 anges référents 93
4/ Le cœur des Dominations (du 23 juillet au 2 septembre) 93
Tableau des Puissances 94
Les 8 anges référents 94
5/ Le Chœur des Puissances (du 3 septembre au 13 octobre) 94
Tableau des Vertus 95
Les 8 anges référents 95
6/ le chœur des Vertus (du 14 octobre au 22 novembre) 95
Tableau des Principautés 96
Les 8 anges référents 96
7/ Le cœur des Principautés (du 23 novembre au 31 décembre) 96
Tableau des archanges 97
Les 8 anges référents 97
8/ Le chœur des archanges (du 1er janvier au 9 février) 97
Tableau des anges 98
Les 8 anges référents 98
9/ Le chœur des anges (du 10 février au 20 mars) 98
Chapitre X – Les archanges 99
Description 99
Leurs fonctions et vertus 101
Description des 7 principaux archanges 102
Métatron (celui à côté de Dieu) 102
Décret d'invocation à Métatron 104
Sandalphon (le frère jumeau) 105
Décret avec Sandalphon 106
Mickaël (celui qui est comme Dieu) 106

Décret d'invocation à Mickaël 107
Jophiel (beauté de Dieu) 108
Décret d'invocation à Jophiel 109
Raphaël (Dieu guérit) 109
Décret d'invocation à Raphaël 111
Uriel (Lumière de Dieu) 111
Décret d'invocation à Uriel 112
Zadkiel (droiture de Dieu) 112
Exercice pour contacter les archanges 114
Décret pour la connexion archangélique 115
Décret pour la purification des lieux 116
Exercice d'ancrage avec les archanges Métatron et Sandalphon 117
Chapitre XI – Les archanges et les rayons sacrés 119
Les 7 rayons sacrés 125
1/ Rayon bleu « La volonté divine en action » 127
2/ Le rayon or « La sagesse divine » 128
3/ Le rayon rose « L'amour divin » 128
4/ Le rayon blanc « la pureté divine » 128
5/ Le rayon vert symbolise « la santé » 129
6/ Le rayon rubis/doré, celui de « la paix divine » 129
7/ Le rayon violet, celui de « la liberté » 130
Exercice de nettoyage de la couche éthérique 130
Décret pour l'activation des rayons sacrés 131
Chapitre XII – Le sceau de Métatron 133
La protection la plus puissante 133
Le sceau de Métatron 135
L'Arbre de vie 135
La Merkaba 136
Les mandorles ou Vesica Piscis 136
La mandorle 137
Le nombre d'or 137
Exercice du pendule avec le corps 139
Décret d'élévation spirituelle 140
Chapitre XIII – Les Maîtres ascensionnés – Les Déités 141
Sananda 144
Lady Nada 145
Marie 145

Maître Bouddha 146
Kuan Yin 147
Maître Kuthumi 147
Sanat Kumara 148
Maître Saint-Germain 149
Lady Portia 150
Le Seigneur Maitreya 150
Padre Pio, le Saint 151
Déesse Isis 152
Horus 152
Sérapis Bey 153
El Morya Khan 154
Melchisédech, le prêtre/roi 155
Décret de dégagement avec Mickaël 156
Chapitre XIV – Les grilles cristallines 157
Soyez votre meilleur guide 162
Exercice pour répondre à une question 163
Décret de connexion aux grilles cristallines 164
Décret de libération 165
Chapitre XV – Les pièges de l'ombre sur l'humain 167
Comment nettoyer les charges négatives ? 167
Exercice de protection 168
Décret de protection 169
Décret de purification 171
Mon décret de la flamme violette 172
Exercice du verre d'eau 172
Exercice de libération 173
Décret de protection pour les thérapeutes 173
Le savoir et la sagesse des anciens peuples 174
8 Techniques de protection 177
Exercice pour purifier des liens toxiques avec une personne 178
Conclusion 179
Glossaire 181
Bibliographie 185

Dépôt légal : mars 2022 N° imprimeur : 032271876

Imprimé en France par Présence Graphique - Monts.